LESSON 1

言葉の意味 ①

●読んで、答えましょう。

明日は、しょうぎの検定試験《けんていしけん》だ。しょうぎの先生である兄からは、おまえもずいぶん①うでを上げたので、大丈夫《だいじょうぶ》だと［②］をおされているが、とても不安である。

明日のために、準備《じゅんび》をしておこうと思っても、緊張《きんちょう》しているせいか、何から［③］をつけていいかわからない。

このままでは、明日、実力を発揮《はっき》できない。リラックスするために、ゆっくりおふろに入り、今、できることを、じっくりと考えてみよう。明日、最後まで知恵《ちえ》をしぼって、考えることができるように。あきらめずに、④万全を期すことができるように。

---

(1) ――線①の意味を書きましょう。（20点）

［　　　　］

(2) ［②］に入る言葉を、記号で答えましょう。（10点）

ア 太鼓判《たいこばん》　イ 判子《はんこ》
ウ 横車

［　　　　］

(3) ［③］に入る体の一部を表す言葉を、漢字一字で書きましょう。（10点）

□

(4) ――線④の意味を、記号で答えましょう。（10点）

ア 一生懸命《いっしょうけんめい》である。
イ よいことだけを考える。
ウ 少しも手落ちがない。

［　　　　］

答えは91ページ

やってみよう

次の文の主語には――線を、述語《じゅつご》には＝＝線を引こう。

① わたしは、発表会で　フルートを　ふいた。

② 今年の　冬、兄は　富士山《ふじさん》に　登った。

③ 妹も、わたしと　一緒《いっしょ》に　出かけた。

④ とても　多くの　あめを、ぼくは　弟と　食べた。

⑤ 白い　大きな　花が、あちこちで　きれいに　さく。

答えは91ページ☞

LESSON 2

言葉の意味 ②

月　日
得点
点／合格40点

● 読んで、答えましょう。

まことくんは、とても活発な男の子ですが、知らない人の前では、はずかしくて、[①]をかぶってしまいます。

反対にあきこさんは、ふだんはおとなしい女の子なのですが、大勢《おおぜい》の人が集まると、[②]いつもはやらないような、おてんばなことをしてしまいます。

人の性格《せいかく》は、[③]で、いろいろです。さらに、まわりの雰囲気《ふんいき》や、その時々の気持ちのもりあがり方などで、本当の性格とは全くちがった面が出ている時があります。

だから、その時一瞬《いっしゅん》の行動だけで、その人を④軽々しく判断《はんだん》してはならないのです。

---

(1) [①]に入る動物の名前を書きましょう。(10点)

〔　　〕

(2) [②]に入る言葉を、記号で答えましょう。(10点)

ア らちがあかずに　イ 頭ごなしに
ウ はめをはずして

〔　　〕

(3) [③]に入る四字熟語《じゅくご》を、次から漢字を一つずつ選んで答えましょう。(20点)

〔一・十・人・石・二・十・鳥・色〕

□□□□

(4) ——線④の意味を、記号で答えましょう。(10点)

ア 浅い考えで　イ 新しい考えで
ウ よく考えて

〔　　〕

答えは91ページ

やってみよう

✿ 次の文の――線の言葉は、主語・述語《じゅつご》・修飾語《しゅうしょくご》のどれにあたりますか。あとから選び、記号で答えよう。

① 家まで、大きな犬とゆっくり歩いた。
［　］［　］［　］

② 父は、わたしにおいしいお菓子《かし》をくれた。
［　］［　］［　］

③ 君こそもう学校へ行くべきだよ。
［　］［　］

④ どこにあるのかな、お気に入りのペンは。
［　］［　］

ア 主語　**イ** 述語　**ウ** 修飾語

答えは91ページ ☞

LESSON 3

指《し》示《じ》語《ご》をおさえる ①

月　日
得点
点　合格40点

● 読んで、答えましょう。

のりことわたしは、ジェットコースター乗り場に来ました。

のりこはこわがりなのですが、ジェットコースターに乗ろうとさそったら、いやがりもせずに①ここにならびました。

わたしは、のりこがなぜいやがらなかったのか不思議だったのですが、一人で乗るよりは②彼女《かのじょ》と一緒《いっしょ》の方が心強いので、あえて③そのことにはふれないようにしていました。

しかし、乗る順番が近づいてくると、やはり、のりこは④こう言い出しました。

「やめたい。」

のりこの中で、きょうふ心が、どんどんふくらんできたのでしょう。

(1) ——線①が指すものを書きましょう。（10点）

「　　　　」

(2) ——線②が指すものを書きましょう。（10点）

「　　　　」

(3) ——線③の指すものについて、次のようにまとめました。「　」に入る言葉をそれぞれ文中からぬき出しましょう。（20点）一つ10

のりこが「　　　　」なのに、

「　　　　」

としていること。

(4) ——線④が指すものを、四字でぬき出しましょう。（10点）

□□□□

答えは91ページ ☞

やってみよう

次の言葉は和語・漢語・外来語のどれにあたりますか。あとから選び、記号で答えよう。

① ランチ［　　］

② 車［　　］

③ 生き物［　　］

④ 手引き［　　］

⑤ 旅行［　　］

⑥ 運動［　　］

⑦ スポーツ［　　］

⑧ 予定［　　］

ア 和語　**イ** 漢語　**ウ** 外来語

答えは91ページ

LESSON 4

指示語《しじご》をおさえる②

月　日
得点　点
合格40点

● 読んで、答えましょう。

空気中には、ウイルスやきんなどたくさんの病気のもとが飛び回り、アそれは空気と一緒《いっしょ》に、わたしたちの体の中に、いつでも入ってきています。

イこれらのうち、鼻から入ってきたものを、①その外におし出すのが鼻水です。

鼻のおくは、ねんまくという、うすいまくでおおわれていて、②ここにきんがつくと、ウそれがしげきを受けます。そしてそのしげきによって、体はエそれを外に出さなければならないと判断《はんだん》し、鼻水が出てくるのです。

つまり、③この鼻水の働きが、わたしたちの体へ、病気のもとが入りこむことを阻止《そし》しているのです。

---

(1) ――線ア～エのうち、指しているものがちがうものを、記号で答えましょう。(10点)

[　　]

(2) ――線①は、何を指していますか。(10点)

[　　]

(3) ――線②が指すものを、記号で答えましょう。(10点)

ア ねんまく　イ 鼻　ウ 体

[　　]

(4) ――線③についてまとめました。□に入る言葉を、文中からそれぞれぬき出しましょう。(20点)一つ10

鼻から入ってきた□を、□におし出す働き。

やってみよう

＊次の言葉を、指示《しじ》にしたがって書き直そう。

① スケジュール〈漢語に〉

［　　　］

② おどり〈外来語に〉

［　　　］

③ 速さ〈漢語に〉

［　　　］

④ 運動〈外来語に〉

［　　　］

⑤ 規則《きそく》〈和語に〉

［　　　］

答えは91ページ ☞

LESSON 5 接続語《せつぞくご》をおさえる ①

月　日
得点
点／合格40点

● 読んで、答えましょう。

今日は寒い［①］、なんだかお散歩に行きたくないな。だから、みっちゃんがさそいに来ても、にげ回って首輪をつけさせないようにしてやろう。［②］、お散歩に行かないと、おやつはもらえないんだよな。どうしよう。やっぱり行ったほうがいいかな。行こうかな。それとも、［③］。本当に迷《まよ》ってしまうな。

犬のノンは考えていた。

［④］、飼《か》い主のみっちゃんが、

「ノン。お散歩に行くよ。」

と声をかけると、それまでの迷いはどこへやら。しっぽをふりふりして、みっちゃんのところへ、うれしそうに走って行ったのです。

(1) ［①］に入る言葉を、ひらがな二字で書きましょう。（10点）

［　　］

(2) ［②］に入る言葉を、記号で答えましょう。（10点）

ア だから　イ だけど
ウ そして

［　　］

(3) ［③］に入る言葉を、記号で答えましょう。（20点）

ア やめようかな
イ 行ってみようかな
ウ もらえないかな

［　　］

(4) ［④］に入る言葉を、記号で答えましょう。（10点）

ア しかも　イ また
ウ だが

［　　］

答えは91ページ

やってみよう

次の――線の漢字の読み方を書こう。

① 短気な性格だ。［　　］

② 旅行の日程を確認《かくにん》する。［　　］

③ 友達を家に招待する。［　　］

④ 居間に客を通す。［　　］

⑤ 酸性の反応《はんのう》が出る。［　　］

⑥ 大地震《おおじしん》を仮想した訓練をする。［　　］

⑦ 額にかみの毛がかかる。［　　］

⑧ クラスの団結が固い。［　　］

答えは91ページ ☞

接続語《せつぞくご》をおさえる ②

月　日
得点
点　合格40点

● 読んで、答えましょう。

イルカは水中でこきゅうができないので、たえず水面に上がってこなくてはなりません。［①］、ねてしまって海の中でじっとしていては死んでしまいます。

［②］、泳ぎながらねることはできるのでしょうか。

「ねている状態《じょうたい》」というのは、のうが休んでいる状態のことです。そして、いっぺんにすべてののうを［③］、体の動きもすべて止まってしまいます。そこで、イルカは、のうを半分だけ休ませるようにしました。

［④］、はじめは右だけ次に左と交互《こうご》に休ませることで、体の動きを止めずにねることができるようになったのです。

(1) ［①］に入る言葉を、記号で答えましょう。（10点）
ア だから　イ それとも　ウ そして
［　　］

(2) ［②］に入る言葉を、記号で答えましょう。（10点）
ア また　イ では　ウ それから
［　　］

(3) ［③］に入る言葉を、記号で答えましょう。（10点）
ア 休ませると　イ 休ませても　ウ 休ませたが
［　　］

(4) ［④］に入る言葉を、記号で答えましょう。（20点）
ア それから　イ しかし　ウ つまり
［　　］

答えは91ページ ☞

やってみよう

次の□に漢字を書こう。

① 両親からもらった□□《ざいさん》に応《おう》じて、□□《ぜいきん》がかかる。

② すぐそこに見える□□《こっきょう》を歩いて□□《おうだん》する。

③ □□《ふくざつ》な□□《じけん》をすらすらと解決《かいけつ》する。

④ 地震《じしん》や台風などの□□《さいがい》に□《そな》える。

⑤ 自伝を□□《しゅっぱん》できたことに□□《かんしゃ》している。

答えは91ページ

まとめテスト ①

月　日　得点　点　合格40点

● 読んで、答えましょう。

「絶対《ぜったい》に言うんじゃないぞ。男と男の約束だからな。」

　みのるとそう約束していたのに、ぼくは約束を破《やぶ》って、みのるのひみつを、さきちゃんに話してしまった。［①］、みのるがおこるのも無理はないのである。

「おまえとは、絶交《ぜっこう》だからな。」

　あの時のみのるの真剣《しんけん》なまなざし、②しょうげき的な言葉は、到底《とうてい》わすれられない。なぜなら、③それで、ぼくは、大切な友人をなくしてしまったことに、気がついたのだから。

（どうして話してしまったのだろう。）

　ぼくの心の中には、絶望《ぜつぼう》と［④］が、広く広くひろがっていった。

---

(1) ［①］に入る言葉を、記号で答えましょう。（10点）

ア すなわち　イ けれども　ウ だから　［　　］

(2) ――線②の意味を、記号で答えましょう。（10点）

ア 心が強く動かされること
イ よく考えずに動かされること
ウ とても悲しく思うこと　［　　］

(3) ――線③についてまとめました。□に入る言葉を、文中からぬき出しましょう。（20点）一つ10

みのるの［　　　　］と［　　］。

(4) ［④］に入る言葉を、記号で答えましょう。（10点）

ア 悪意　イ 後悔《こうかい》　ウ 感動　［　　］

答えは92ページ

やってみよう

✻ 次の□に漢字を書こう。

① やりすぎないよう、□□《てきど》に□□《せいげん》を加える。

② 二国間の□□《ぼうえき》が□□《きょか》される。

③ 小鳥が次から次へと□《えだ》に飛び□《うつ》る。

④ 弟は□□《せいせき》のよい□□《じょうたい》を保《たも》っている。

⑤ 一度決めた□□《きそく》でも、変えることは□□《かのう》である。

答えは92ページ ☞

まとめテスト ②

月　日

得点　点　合格40点

● 読んで、答えましょう。

人間の筋肉《きんにく》は何のためにあるのでしょう。

筋肉がないと体は動かないので、いちばんの働きは、①もちろん体を動かすことですが、ほかにもたくさんの働きがあります。たとえば、体温を作ること。寒くなると体がふるえ出しますが、②これは筋肉を細かく動かすことで、熱を発するという働きを利用しています。［③］、おなかなどでは、ほねがないために筋肉によって内ぞうが守られています。ほかに血の流れを助ける働き、ほねを強くする働きなどさまざまな働きがあります。

つまり、筋肉は、人間にとってなくてはならない［④］なものなのです。

(1) ——線①と同じ意味の言葉を、記号で答えましょう。（10点）

ア 当然　イ ゆいいつ　ウ 必ず

［　　］

(2) ——線②が指すものを書きましょう。（20点）

［　　　　　　］こと。

(3) ［③］に入る言葉を、記号で答えましょう。（10点）

ア しかし　イ また　ウ ところで

［　　］

(4) ［④］に入る言葉を、記号で答えましょう。（10点）

ア 無意味　イ 不思議　ウ 不可欠《ふかけつ》

［　　］

答えは92ページ ☞

やってみよう

次の絵が表す慣用句《かんようく》・ことわざ・四字熟語《よじじゅくご》を答えよう。

①

相手の弱点につけこむことです。

[　　　　　　　　]

②

ほしくてたまらない様子です。

[　　　　　　　　]

③

努力や助けが少なくて，役に立たないことです。

[　　　　　　　　]

④

鳥　鳥
石

一つのことから二つの利益《りえき》を得《え》ることを表す四字熟語です。

[　　　　　　　　]

⑤

なにぬの
ひふへほ

理由や根拠《こんきょ》のない，でたらめな様子のことです。

[　　　　　　　　]

答えは92ページ ☞

LESSON 9

心情《しんじょう》を読み取る ①

月　日

得点　点　合格40点

● 読んで、答えましょう。

わたしたち家族は、予約したレストランに車で向かっています。

遠くでパトカーの音がしています。

「①家の戸じまりは、してきたかな。」

父が、母に聞いているので、

「②大丈夫《だいじょうぶ》。確《たし》かめたから。」

と、わたしがきっぱり答えました。

しかし、そう答えたものの、何となく不安になりました。

（あっ。③台所の出入り口のかぎは……。）

玄関《げんかん》はしっかり見たけれど、勝手口は自信がありません。今さら「家にもどって。」と父に言うのも、ためらわれます。

わたしは、④どうしたものかと思案にくれてしまいました。

---

(1) ——線①のように父が聞いた理由を書きましょう。（10点）

［　　　　］

(2) ——線②とありますが、何が大丈夫なのですか。（10点）

［　　　　］

(3) ——線③の「……」に入る言葉を、考えて書きましょう。（10点）

［　　　　］

(4) ——線④の理由をまとめました。□に入る言葉を、文中からそれぞれぬき出しましょう。（20点）一つ10

「□□□□。」と言った手前、□□□□の確認《かくにん》に家にもどってとは、言い出しにくいから。

答えは92ページ ☞

やってみよう

＊下の漢字の読み方をひらがなで書いて、クロスワードを完成させよう。

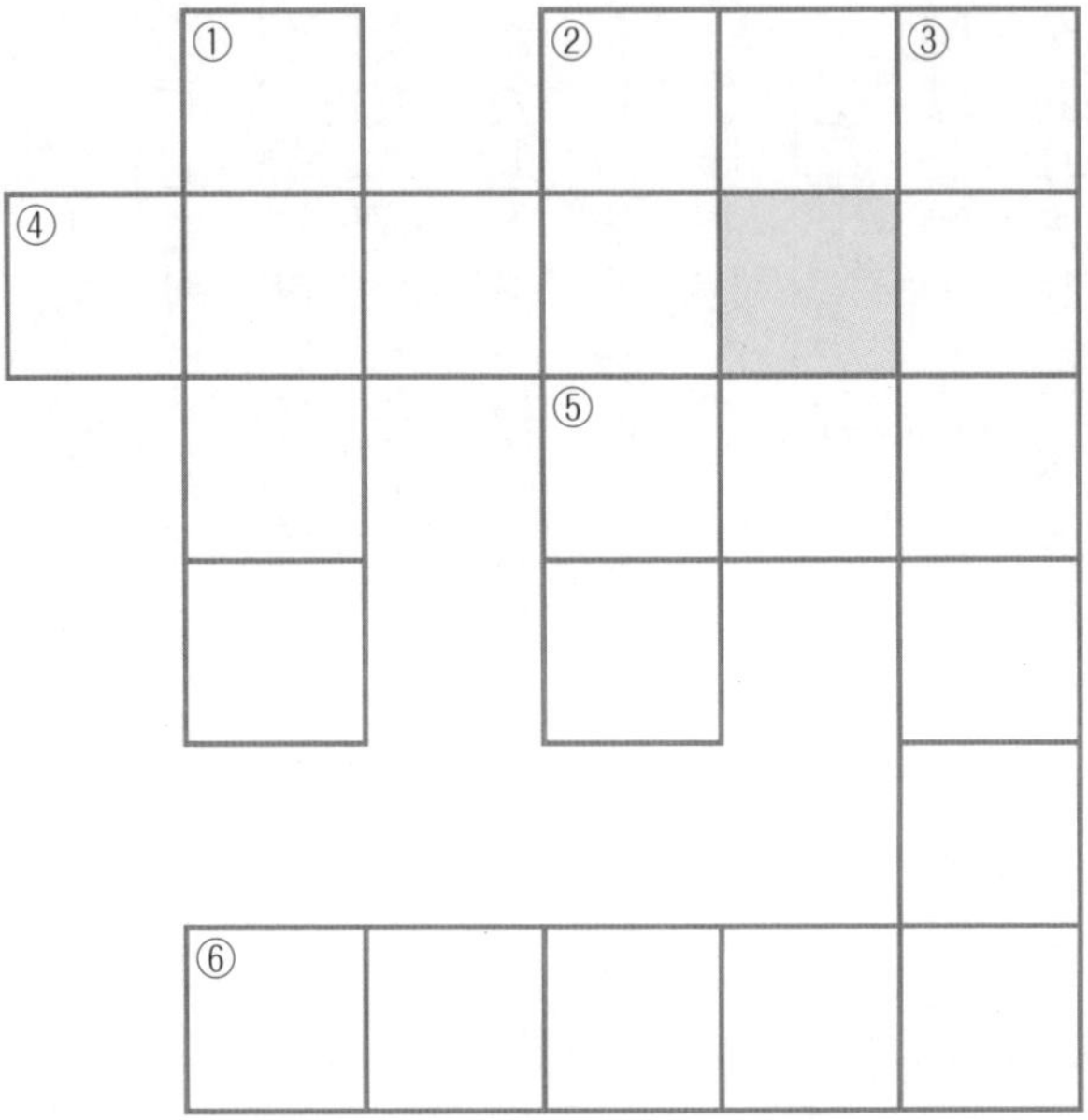

ヨコのかぎ

② 酸素
④ 根幹
⑤ 責務
⑥ 情報

タテのかぎ

① 混在
② 賛成
③ 総務省

答えは92ページ ☞

LESSON 10

心情《しんじょう》を読み取る ②

月　日

得点　　点　合格40点

● 読んで、答えましょう。

①姉のあすかは、弟のあきらをさがしています。あたりが暗くなってきたので、帰りがおそい弟を心配していたのです。

ドサッ。音のする方を見ると、あきらが鉄棒《てつぼう》から落ちています。②思わずかけ寄《よ》りたくなったあすかの耳に、あきらの声が聞こえます。

③「もう一回、もう一回だ。」

そう言えば、明日、鉄棒のテストがあると言っていたな。何度も挑戦《ちょうせん》しているのか、ズボンがよごれています。

「あきら、がんばれ。あきらめるな。」

あたりがどんどん暗くなってきました。

しかし、④あすかは、あきらに声をかけるのを、少し待つことにしました。

(1) ――線①の理由を書きましょう。（10点）

［　　　　］

(2) ――線②のときのあきらに対するあすかの気持ちを書きましょう。（10点）

［　　　　］

(3) ――線③のときのあきらの気持ちを、記号で答えましょう。（10点）

ア くやしい　イ 悲しい

ウ 苦しい　エ 楽しい

［　　］

(4) ――線④のときのあすかの気持ちを、記号で答えましょう。（20点）

ア いくらがんばったって無理だよ

イ 気がすむまでやらせよう

ウ 帰るのがおそくなるとこまるな

［　　］

答えは92ページ

やってみよう

✱ 次の文の——線の言葉を、ていねい語を使って書き直そう。

〔例〕 運動会は、来週の日曜日だ。 〔日曜日です〕

① わたしは、まっすぐ家に帰った。 〔　　〕

② 妹と一緒《いっしょ》にみそしるを作りました。 〔　　〕

③ 父と弟は、犬を追いかけて走る。 〔　　〕

④ 今日の日直は、森さんと田中さんだ。 〔　　〕

答えは92ページ ☞

LESSON 11

心情《しんじょう》を読み取る ③

月　日

得点　点／合格40点

● 読んで、答えましょう。

「おじいちゃん。すわってください。」

ひろしは、目の前にいる初老の紳士《しんし》に大きな声で話しかけたが、①かれは何も答えてはくれなかった。見かねた、となりのお姉さんが席を立ちながら、

「良かったら、どうぞ。」

と言うと、②紳士は会釈《えしゃく》をして、ひろしのとなりにこしをかけた。

ひろしが、何となくいやな気分でだまっていると、その紳士が、

「わたしは、おじいちゃんと言われることにていこうがあってね。つい君の声を無視《むし》してしまった。ごめんな。」

と言ってきた。

③ひろしは少し明るい気持ちになった。

(1) ――線①のときの紳士の気持ちを、記号で答えましょう。（10点）

ア 席にはすわりたくなかった。

イ ひろしのことがきらいだった。

ウ おじいちゃんと言われるのがいやだった。

[　　]

(2) ――線②のときのひろしの気持ちを、文中からぬき出しましょう。（20点）

[　　]

(3) ――線③の理由をまとめました。□に入る言葉を、文中からそれぞれぬき出しましょう。（20点）一つ10

ひろしが□□□□□ときに、紳士が□□したことを謝《あやま》ってくれたから。

答えは92ページ

やってみよう

＊次の文の——線の言葉を、尊敬語《そんけいご》を使って書き直そう。

〔例〕 先生が教室にいる。
［ いらっしゃる ］

① どうぞ食べてください。
［ ］

② おじさんがくれたおみやげを食べます。
［ ］

③ そこで待っていてください。
［ ］

④ お客さんがきた。
［ ］

答えは92ページ ☞

対比《たいひ》をつかむ

月　日
得点
点　合格40点

●読んで、答えましょう。

トイレットペーパーの代わりに、ティッシュペーパーをトイレに流したら、つまってしまいました。なぜなのでしょう。

これらの紙は、どちらもパルプという木の皮から取り出した、細かいせんいを使って作られているのですが、ティッシュペーパーのせんいは長く、もう一方はせんいが短いという特徴《とくちょう》があります。せんいが長いと、それらがおたがいにからみやすくなり、からみが多いと、それだけ丈夫《じょうぶ》になります。□、反対に短いとその逆《ぎゃく》で、からみにくくなり、水につけた時にとけやすくなるのです。

つまり、水へのとけやすさは、このせんいの長さが関係しているのです。

(1) トイレットペーパーと、ティッシュペーパーのせんいの特徴を、書きましょう。（20点）一つ10

トイレットペーパー
[　　　　　　]

ティッシュペーパー
[　　　　　　]

(2) せんいが長い紙が丈夫な理由を書きましょう。（10点）

[　　　　　　]

(3) □に入る言葉を、記号で答えましょう。（20点）

ア しかし　イ たとえば　ウ また

[　　]

答えは92ページ

やってみよう

＊次の文の――線の言葉は、敬語《けいご》の使い方がまちがっています。正しく書き直そう。

〔例〕 先生が写真をはい見する。 〔 ごらんになる 〕

① お客様が申したことを店長に伝える。 〔　　〕

② 向こうから先生が参った。 〔　　〕

③ 先生は、よい着物を求めている。 〔　　〕

④ 社長がくれましたものは、いちごだった。 〔　　〕

答えは92ページ ☞

原因《げんいん》・理由をおさえる ①

月　日

得点

点 / 合格 40点

● 読んで、答えましょう。

体の色が変化する生き物がいることを知っていますか。

たとえば、雷鳥《らいちょう》は、夏には茶色の羽で全身がおおわれ、冬にはそれらがすべて白色に変わります。これは、あたりの草木やしげみ、雪などの色といっしょになることで、自分をおそうてきの目から、のがれるためです。

また、カメレオンもまわりの色に自分のひふの色を合わせて変化させ、えさとなる昆虫《こんちゅう》などをあざむき、気づかれないようにしています。

つまり、このように体の色を変化させることは、生き物が生き残るためにあみだした工夫でもあるのです。

(1) 雷鳥が、体の色を変化させる理由をまとめました。□に入る言葉を、文中からそれぞれぬき出しましょう。(20点)一つ10

夏と冬で［　］の色を変え、まわりに自分をまぎれさせて、［　　］に見つからないようにするため。

(2) カメレオンが、体の色を変化させる理由をまとめました。□に入る言葉を、文中からそれぞれぬき出しましょう。(20点)一つ10

［　　］の色を変化させることで、まわりと同化し、気づかれないようにして、［　　］などをとらえるため。

(3) 生き物が体の色を変化させる理由を、文中から六字でぬき出しましょう。(10点)

［　　　　　　］

答えは92ページ ☞

やってみよう

✿ 次の文の――線の言葉を、けんじょう語を使って書き直そう。

〔例〕 父が明日、そちらに行きます。 [参ります]

① わたしが店内を案内します。 [ ]

② 先生から借りていた本を返します。 [ ]

③ おじさんから本をもらいました。 [ ]

④ あなたの写真を見ます。 [ ]

答えは92ページ ☞

原因《げんいん》・理由をおさえる②

月　日
得点　　点　合格40点

●読んで、答えましょう。

①バーベルの選手が大声を出すと、それまで上がらなかった重さのものでも、あげることができるようになることがあります。これは、大きな声を出すときに使う筋肉《きんにく》と、物を持ち上げるときに使う筋肉に、共通する部分があるからです。

また、つかれているときに、②声を出すことによって、再《ふたた》び力が出ることもあります。これは、大声を出すことによって、のうにしげきがあたえられ、休もうとしている筋肉が、力を出し続けられるようになるからです。

これらの行為《こうい》は無意識《むいしき》にやっているのですが、人間はこのように、自分の力を増大《ぞうだい》させたい時に大声を出すのです。

(1) ——線①の理由をまとめました。「　」に入る言葉を、文中からそれぞれぬき出しましょう。（20点）一つ10

「　　」ときと、
「　　」ときには、
同じような筋肉が使われているから。

(2) ——線②の理由をまとめました。□に入る言葉を、六字でぬき出しましょう。（20点）

大声を出すことによって、□□□□□□をあたえ、力を出し続けることができるから。

(3) 無意識のうちにでも、人が大声を出してしまう理由を書きましょう。（10点）

「　　」

答えは92ページ

やってみよう

✿ 次の文の――線の言葉は、敬語《けいご》の使い方がまちがっています。正しく書き直そう。

〔例〕 兄の代わりに、母がいらっしゃる予定です。 〔 参る 〕

① 父がこのようにおっしゃっていました。 〔　　〕

② 先生の家でおかしをめし上がった。 〔　　〕

③ 小学校の恩師《おんし》に年賀状《ねんがじょう》を送った。 〔　　〕

④ わたしがアルバムをごらんになった。 〔　　〕

答えは92ページ ☞

LESSON 15

要点をまとめる

月　日　得点　　点／合格40点

● 読んで、答えましょう。

ゴミを減《へ》らすためには、どんな方法があるのでしょう。

食べ残しをしないようにしたり、マイバッグを持っていくというような、これ以上、［①］を出さないように工夫をする「リデュース」、着なくなった服を年下の人にあげたり、シャンプーなどボトルの中身がなくなったら、その中身をつめかえて使うなど、使っているものをそのままくり返して使う②「リユース」、紙パックからトイレットペーパーを作り出すように、資源《しげん》ゴミを新しい製品《せいひん》の材料などに使う「リサイクル」など、いろいろな方法で、ゴミは大きく減らすことができるのです。

---

(1) ［①］に入る言葉を、文中から二字でぬき出しましょう。（10点）

［　　］

(2) ――線②は、どのような方法ですか。（10点）

「　　」

(3) 紙パックから、トイレットペーパーを作り出すのは、何という方法ですか。（10点）

「　　」

(4) この文章の要点をまとめました。「　」に入る言葉を、文中からそれぞれぬき出しましょう。（20点）一つ5

「　　」方法には、「　　」、「　　」、「　　」がある。

答えは93ページ ☞

やってみよう

次の――線の漢字の読み方を書こう。

① 大軍を率いる。〔　　〕

② 車を停める。〔　　〕

③ 武道の大会がある。〔　　〕

④ 試合で圧勝する。〔　　〕

⑤ 自分の意見を主張する。〔　　〕

⑥ 暴風雨のひがい。〔　　〕

⑦ 国を統一する。〔　　〕

⑧ 貧しい生活をする。〔　　〕

①「率」の音読みは「リツ」「ソツ」だよ。

答えは93ページ

主題を読み取る ①

月　日
得点
点 合格40点

● 読んで、答えましょう。

五年二組では、今年の応援《おうえん》合戦のテーマ「協力」に合うように、応援の仕方を考えることになりました。

選抜応援団《せんばつおうえんだん》、チアリーダーなど、ひときわ、はなやかな案が出る中、太郎《たろう》は、みんなでクラスカラーと同じ色のハンカチをふって、一人一人を応援する歌を歌うという案を出しました。

一見、地味そうに見えたこの案は、はじめ賛同者《さんどうしゃ》も少なかったのですが、応援団やチアリーダーは他のクラスもやるということだったので、結局、二組はこの案になりました。

結果は優勝《ゆうしょう》。クラス全員が一致団結《いっちだんけつ》していたというのが、その理由でした。

(1) 今年の応援合戦のテーマは、何ですか。(10点)

[　　　　]

(2) ――線の指すものを、すべて記号で答えましょう。(20点)

ア はなやかな案　イ 選抜応援団
ウ ハンカチをふる案　エ 地味な案
オ チアリーダー　カ 歌を歌う案

[　　　　]

(3) 五年二組が優勝した理由をまとめました。□に入る言葉を、文中からぬき出しましょう。(20点)

五年二組の応援は、クラス全員が□□□□□していたところが、テーマに合っていると評価《ひょうか》されたから。

答えは93ページ

やってみよう

✿ 次の□に漢字を書こう。

① 友人の□□□《ひじょうしき》な□□《たいど》に、はらが立った。

② となりの家は□□《ぎゅうしゃ》でうしを□《か》っている。

③ あずかった□□《ぶつぞう》を大切に□□《ほかん》する。

④ 車が走らないのは、□□《ぜったい》に□□《ねんりょう》切れのためだ。

⑤ 去年より小麦の□□《ゆにゅう》が□《へ》っている。

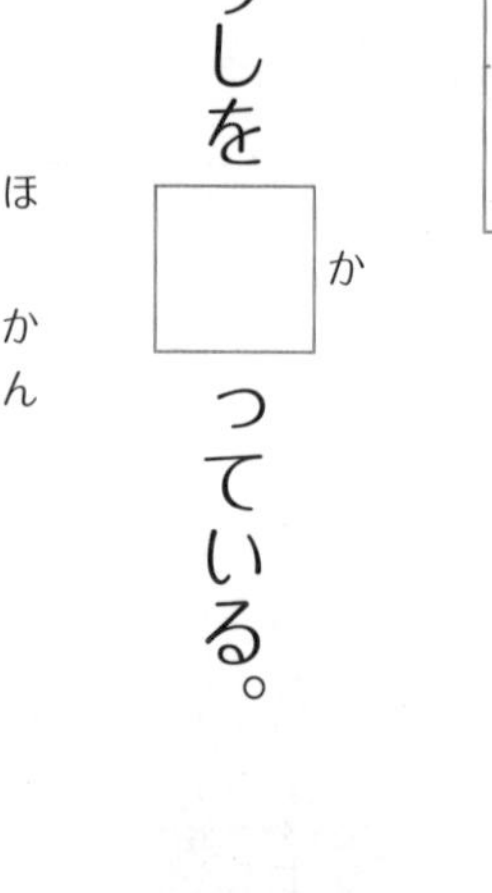

答えは93ページ ☞

主題を読み取る ②

月　日

得点　点／合格40点

●読んで、答えましょう。

まきさんはどうしてもリレーの選手になりたかった。それは、入院しているおばあちゃんが運動会の日には退院《たいいん》して、見に来てくれることになっているからだ。

徒競走で一番になる自信はある。けれど、①それだけではおばあちゃんは喜《よろこ》ばない。おばあちゃんはいつも、みんなのためになることをやりなさいと言っているから。だから、まきさんは、自分の力が精一杯《せいいっぱい》出せて、しかも、みんなのためになるクラス対抗《たいこう》リレーの選手になりたいのだ。

絶対《ぜったい》になりたいという思いをこめてじゃんけんにのぞむ。②勝った。これで、思いっきり走れるぞ。

(1) 運動会を見に来てくれるのは、だれですか。（10点）

［　　　　］

(2) ――線①は、何を指していますか。（10点）

［　　　　］

(3) ――線②とありますが、まきさんは何に勝ったのですか。（10点）

［　　　　］

(4) まきさんがリレーの選手になりたかった理由を、二つ書きましょう。（20点）一つ10

［　　　　］

［　　　　］

答えは93ページ

やってみよう

✱ 次の□に漢字を書こう。

① これは、かぜの□□《よぼう》に□□《こうか》がある。

② 東京と大阪の間を□□《しんかん》線で□□《おうふく》する。

③ 約束を□《やぶ》ったことについて、□□《べんかい》しなかった。

④ 兄に□《か》してもらった本は□《あつ》い。

⑤ □□《かこう》から水が□□《ぎゃくりゅう》してきた。

答えは93ページ ☞

主題を読み取る ③

月　日
得点　点　合格40点

● 読んで、答えましょう。

村松《むらまつ》は、毎日、研究に明けくれていた。妹のつばさの命をうばった病原きんの存《そん》在《ざい》を知ってしまった以上、このままにしておくわけにはいかなかった。

「これが最後の挑戦《ちょうせん》だな。この新薬が効《き》かなければ、打つ手はない。」

共同研究者の村井《むらい》も、緊張《きんちょう》した面持《おもも》ちで見守っている。①培養《ばいよう》してあったきんに新薬を投与《とうよ》する。②今までの苦労が報《むく》われるまでもう少しだ。

しかし、何の変化もあらわれない。

「そんなばかな。あれほど研究を重ねたのに。今回も失敗だったのか。」

村松の信じられないという思いは、次第に③絶望的《ぜつぼうてき》な確信《かくしん》に変わっていった。

---

(1) ——線①とは、どのようなものですか。文中からぬき出しましょう。（10点）

「　　　」

(2) ——線②とありますが、村松たちは、毎日何をしていましたか。文中からぬき出しましょう。（10点）

「　　　」

(3) ——線③とありますが、具体的には、どのようなことを確信したのですか。（15点）

「　　　」

(4) この文章の内容《ないよう》をまとめました。□に入る言葉を、文中からぬき出しましょう。（15点）一つ5

村松たちは、□□□□に効く、□□の開発に□□した。

答えは93ページ

やってみよう

＊次の□に漢字を入れて、四つの言葉を作ろう。

①

	悪 ↓	
初 →	□	← 正
	↓ 中	

②

	酸 ↓	
炭 →	□	← 元
	↓ 材	

③

	無 ↓	
期 →	□	→ 界
	↓ 度	

④

	対 ↓	
適 →	□	→ 用
	↓ 答	

答えは93ページ ☞

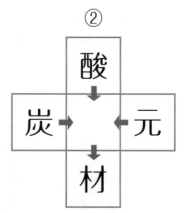

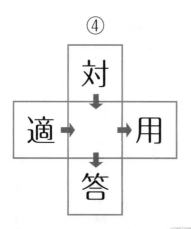

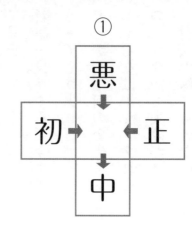

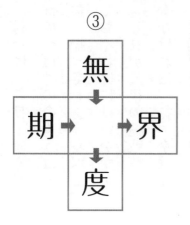

結論《けつろん》を読み取る ①

月　日

得点　点　合格40点

●読んで、答えましょう。

おいしいお弁当《べんとう》にするためには、何が必要だと思いますか。

食べ物なので、栄養のバランスがよいことは言うまでもないことですが、見た目も大切です。

おかずの大きさがそろっていたり、いろいろな色の食材を使っていたり、切り方が工夫されていたりすると、①食欲《しょくよく》がわきます。また、②動物や、アニメのキャラクターをかたどったお弁当、いわゆるキャラ弁なども人気です。

今日はどんなお弁当かなと思って、ふたを開ける時のわくわく感、楽しさがより一層《いっそう》、③そのお弁当をおいしく感じさせるのだと思います。

---

(1) ――線①の理由をまとめました。□に入る言葉を、文中からそれぞれぬき出しましょう。（15点）一つ5

食材の□や□に工夫をしたり、おかずの□をそろえたりするお弁当だから。

(2) ――線②は、何の説明ですか。（10点）

「　」

(3) ――線③について、何がそのように感じさせますか。（10点）

「　」

(4) 筆者は結局、おいしそうなお弁当にするためには、何が大切だと思っていますか。文中からぬき出しましょう。（15点）

「　」

答えは93ページ

やってみよう

下のことわざの□に入る言葉をひらがなで書いて、クロスワードを完成させよう。

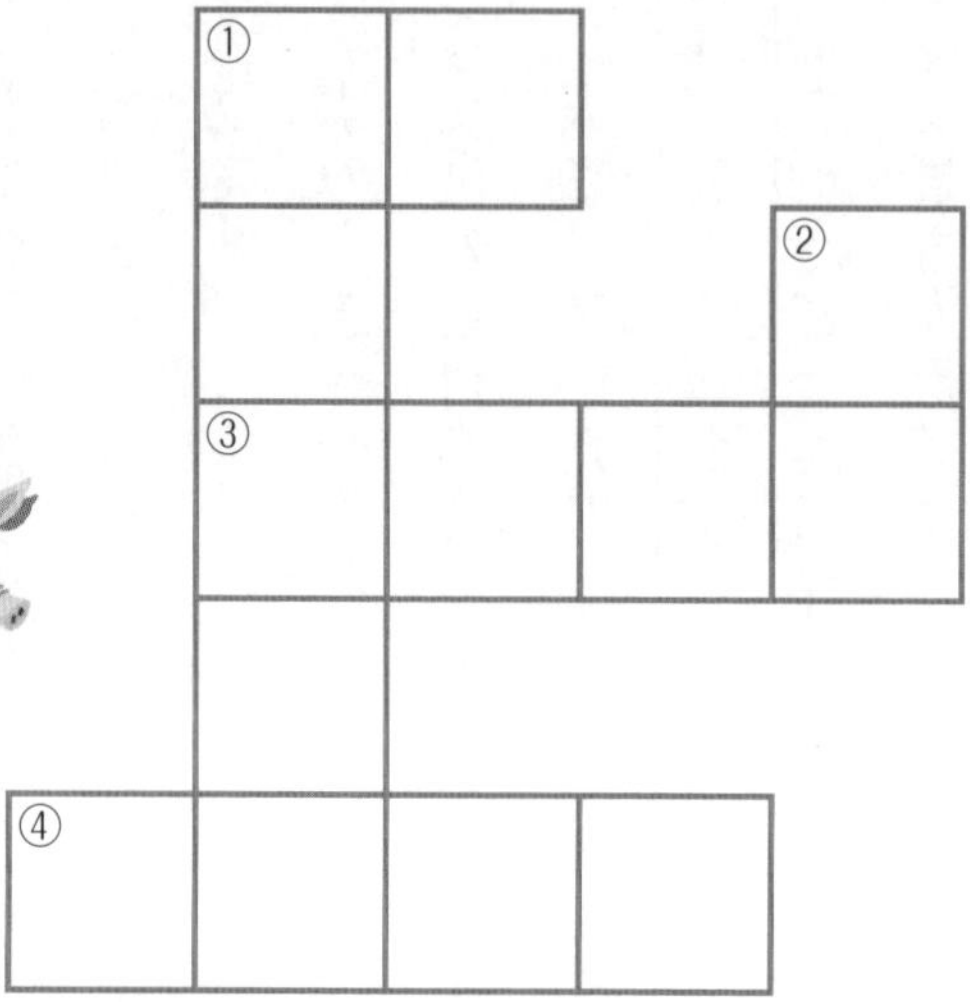

ヨコのかぎ

① □□のふり見てわがふり直せ

③ □□□□は泥棒《どろぼう》の始まり

④ ぶたに□□□□

タテのかぎ

① □□□□□からこま

② □□は金なり

答えは93ページ ☞

結論《けつろん》を読み取る ②

月　日
得点
点／合格40点

● 読んで、答えましょう。

ものを投げると必ず落ちて来ます。これは、地球に①重力があるからです。つまり、地球の中心へ引っぱる力が働いているのです。

では、なぜ月は、この重力に引っぱられて落ちてこないのでしょう。

月は、地球の周りをぐるぐると同じ速さで回っています。回っているものには、遠ざかろうとする力、②遠心力が働きます。③水を入れたバケツを持って、同じ速度で回すと、水がこぼれないのもこの力によるものです。

つまり、月には、重力と遠心力が同じ力で働いているから、という説もあります。

(1) ――線①は、どんな力のことですか。(10点)

［　　　　］

(2) ――線②は、どんな力のことですか。(10点)

［　　　　］

(3) ――線③は、何の例としてあげられていますか。(10点)

［　　　　］

(4) 月はなぜ落ちて来ないのかの説についてまとめました。□に入る言葉を、二字でぬき出しましょう。(20点)

月にかかっている重力と遠心力が、□□力でつりあっているから。

答えは93ページ

やってみよう

次の二つの言葉を組み合わせて、一つの言葉を作ろう。

① 立つ ＋ 上がる 〔　　〕

② わかい ＋ 返る 〔　　〕

③ 書く ＋ にくい 〔　　〕

④ 寒い ＋ 空 〔　　〕

⑤ 教える ＋ 子 〔　　〕

答えは93ページ

LESSON 21

結論《けつろん》を読み取る ③

月　日

得点

点 ／ 合格 40点

● 読んで、答えましょう。

朝顔の芽が出るために、何が必要なのかを調べるために、次のような四つの容《よう》器《き》を用意しました。

一つ目は、朝顔の種が空気にふれないように、水にしずめたもの。二つ目は、朝顔の種に水をあたえるが、①ふたをかぶせて暗くしたもの。三つ目は、朝顔の種に水をあたえて冷蔵庫《れいぞうこ》に入れたもの。四つ目は、朝顔の種に水をあたえないものです。

この四つの容器の中で、芽が出たのは二つ目だけだったので、朝顔の種が芽を出すためには、②水と温度、空気が必要であり、［③］は芽を出すのには、必要ないということがわかりました。

(1) この文は、何の実験について書かれていますか。（10点）

［　　　　］

(2) ――線①は、何のためにしたのですか。（10点）

［　　　　］

(3) ――線②は、それぞれいくつ目の容器の実験からわかりますか。（15点）一つ5

水［　　］つ目

温度［　　］つ目

空気［　　］つ目

(4) ［③］に入る漢字一字を書きましょう。（15点）

［　］

答えは93ページ

やってみよう

次の二つの言葉を組み合わせて熟語《じゅくご》を作り、その読み方も書こう。

熟語　読み方

① ほん ＋ はこ　［　　］

② はな ＋ はたけ　［　　］

③ かぜ ＋ くるま　［　　］

④ あめ ＋ くも　［　　］

⑤ ふね ＋ たび　［　　］

答えは93ページ

まとめテスト ③

月　日

得点　点　合格40点

● 読んで、答えましょう。

みふゆはまだ初春だというのに、半袖《はんそで》で庭に出て、冷たい風の中がまんして立っていた。きっとこれで風邪《かぜ》をひいて学校へ行けなくなるだろう。

みふゆは、緊張《きんちょう》しやすいので、みんなの前で何かを話すなんて、考えただけで心ぞうがどきどきした。もともと一学年一クラスで、四年生から五年生に上がっても、クラスのみんなは全員知った人ばかり。なのに、①先生は発表の練習として自己《じこ》しょうかいをやると言ったのだ。

休めば大勢《おおぜい》の前ではずかしい思いをしなくていいだろう。そう考えた②みふゆは、真っ暗になるまで寒い中、ずっとそこに立っていた。

(1) みふゆの気持ちがそのまま表れているところを二か所さがし、そのはじめと終わりの三字を、ぬき出しましょう。(20点)一つ10

[　　　]〜[　　　]

[　　　]〜[　　　]

(2) ——線①とありますが、みふゆは、なぜ自己しょうかいをしたくないのですか。(10点)

[　　　　　　]

(3) ——線②とありますが、「そこ」とはどこですか。(10点)

[　　　　　　]

(4) ——線②とありますが、みふゆは、なぜずっと立っているのですか。(10点)

[　　　　　　]

答えは93ページ

やってみよう

次の文の――線と同じ意味・使い方のものをあとから選び、記号で答えよう。

① あなたの持っている本を貸《か》してください。

ア 今日の午後出かける。　イ 兄のすきな曲を教えてもらう。　[　　]

② スーパーで明子《あきこ》さんに会った。

ア 図書館で調べものをする。　イ かぜで学校を休む。　[　　]

③ ネコにえさをあたえる。

ア 兄に比《くら》べて身長が高い。　イ 友人に写真を見せる。　[　　]

④ 何度もよんだが返事がない。

ア 秋なったがまだ暑い。　イ 赤い花がさいている。　[　　]

答えは93ページ

LESSON 23

まとめテスト ④

月　日
得点　　点　合格 40点

● 読んで、答えましょう。

カタツムリのからを取ったら、ナメクジになるのでしょうか。

[①]、ヤドカリは、成長するとからを変えます。だから、カタツムリもきっと②そうなのだろうと推測《すいそく》したのですが、残念ながらカタツムリとナメクジは、全くちがう種類の生き物でした。

同じように見えても、カタツムリのからは、体の一部なのです。そして、そこには血も流れているので、無理やり引きはなすと死んでしまいます。だから、③生まれたばかりのカタツムリにも、小さなからがあるのです。

(1) [①]に入る言葉を、記号で答えましょう。(10点)

ア しかも　イ また
ウ たとえば

[　　]

(2) ——線②は、何を指しますか。(10点)

[　　]

(3) ——線③は、なぜですか。(10点)

[　　]

(4) この文章の内容《ないよう》に合っているものを、記号で答えましょう。(20点)

ア ヤドカリはからを自分で作る。
イ カタツムリのからには血が流れているので、取ると死んでしまう。
ウ カタツムリは、成長とともにからを変える。

[　　]

答えは94ページ

やってみよう

次の文の——線と同じ意味・使い方のものをあとから選び、記号で答えよう。

① どろぼうがとなりの犬にほえられる。
ア 先生にほめられる。
イ 一人で起きられる。
[　　]

② 吉田《よしだ》さんは絶対《ぜったい》におこらない。
ア 兄の部屋はきたない。
イ だれが来たのかわからない。
[　　]

③ 明日は、雨がふるそうだ。
ア この川は、流れが速そうだ。
イ 誠《まこと》さんは合格《ごうかく》したそうだ。
[　　]

④ 台風が近づいてきているらしい。
ア 兄はかぜをひいたらしい。
イ 兄はとても男らしい。
[　　]

答えは94ページ

物語①

月　日
得点
点／合格40点

● 読んで、答えましょう。

一日中、①四角いまどからしか外の様子を知ることができない、みのりにとって、週一回来てくれる、②かがみさんたちは、唯一《ゆいいつ》、外へと通じるとびらを開いてくれる人だった。

そして、今日はその週一回のお話し会の日。昼から談話室で、市立図書館の人たちが紙芝居《かみしばい》をしてくれる。

みのりは朝から落ち着かない。③して、今か今かと待ちわびていた。

（どんなお話をするのだろう。）

とうとう待ちきれずにみのりは入院している病院の玄関《げんかん》まで来てしまった。遠くにかがみさんたちが見えた。みのりは、大きく手をふった。

(1) ――線①のときの、みのりの状態《じょうたい》についてまとめました。□に入る言葉を、文中からそれぞれぬき出しましょう。（20点）一つ10

□□で□□している状態。

(2) ――線②についてまとめました。［　］に入る言葉を、文中からそれぞれぬき出しましょう。（20点）一つ10

週に一回病院に来て、［　　］の人たちで、［　　］人たち。

(3) ③に入る言葉を、記号で答えましょう。（10点）

ア めそめそ　イ しめしめ　ウ わくわく

［　］

答えは94ページ

やってみよう

✽ 次の——線の漢字の読み方を書こう。

① 取引で損をする。［　　］

② 植物に興味をもつ。［　　］

③ 眼鏡のレンズがくもる。［　　］

④ 弟は父親に似ている。［　　］

⑤ 利益が上がらない。［　　］

⑥ 修学旅行に行く。［　　］

⑦ 豊富な資《し》源《げん》が見つかる。［　　］

⑧ 銅のなべを使う。［　　］

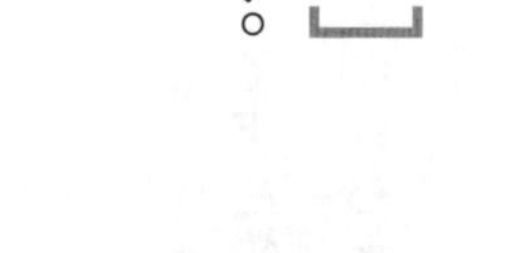

答えは94ページ ☞

伝　記①

月　日
得点
点／合格 40点

● 読んで、答えましょう。

ライト兄弟は、小さいころ、父親が買ってきた「空飛ぶおもちゃ」で毎日遊んでいました。しかし、ある時、①それがこわれてしまったので、自分たちで作ることを考えるようになりました。

そうしてできたのが、「こうもり二号」。この成功が、かれらの空へのあこがれを一段《いちだん》とふくらませ、②「人が乗れる飛行機を作りたい。」と考えるようになりました。

ちみつな計算と実験をくり返し、失敗を重ねながら、一九〇三年、人を乗せて飛べる③「ライトフライヤー号」が完成しました。これは、ガソリンエンジンで動き、そうじゅうもできるもので、当時としては、画期的な乗り物でした。

(1) ――線①は、何を指していますか。（10点）

［　　　　　　　　］

(2) ライト兄弟が、――線②のように考えた理由についてまとめました。［　］に入る言葉を、文中からそれぞれぬき出しましょう。（10点）一つ5

自分たちで［　　　　　　］を作ることができたことで、

［　　　　　　］が強まったから。

(3) ――線③の特徴《とくちょう》を三つ書きましょう。（30点）一つ10

［　　　　　　　　］
［　　　　　　　　］
［　　　　　　　　］

答えは94ページ ☞

やってみよう

次の□に漢字を書こう。

① きれいな□□《てつせい》の□□《ようき》に、冷たい飲み物を入れる。

② 台風が近づいているので、□□《えいぎょう》するかどうか□《まよ》う。

③ いつでも□□《せいかく》に□□《けんさ》をする。

④ 証拠《しょうこ》を提出《ていしゅつ》して身の□□《けっぱく》を□□《しょうめい》する。

⑤ 大学の□□《きょうじゅ》に□□《こうえん》をたのむ。

答えは94ページ

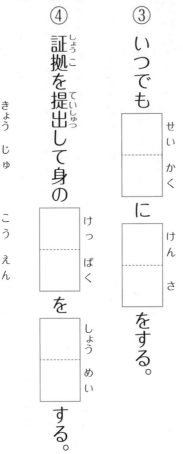

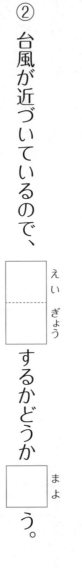

説明文・論説文《ろんせつぶん》 ①

月　日
得点
点　合格40点

●読んで、答えましょう。

大昔の人たちは、数を数えるときに、手の指を折って数えていました。

全部の指を使うと十。そして、その十をひとかたまりとして、①そのかたまりがいくつあるかを数えていく。このように、十ずつを一かたまりとして数える方法から、十進法が生まれました。

しかし、わたしたちの生活の中では、②この十進法で数えていないものもあります。たとえば、一年は十二ヶ月ごとのかたまり、一日は二十四時間ごとのかたまりです。すなわち、これらは十進法ではなく、十二進法、二十四進法で数えられているといえます。ほかにはどんな数え方があるか、さがしてみましょう。

(1) 昔の人は、どのように数を数えていましたか。(10点)

[　　　　]

(2) ——線①は、どんなかたまりですか。(10点)

[　　　　]のかたまり

(3) ——線②の例として、どのようなものがあげられていますか。二つ書きましょう。(20点)一つ10

[　　　　][　　　　]

(4) 本文の内容《ないよう》をふまえると、「一時間」は何進法で数えられていることになりますか。漢数字で書きましょう。(10点)

[　　　　]進法

答えは94ページ

やってみよう

次の□に漢字を書こう。

① つかまえた□□《はんにん》の□□《よざい》が発覚する。

② かれとの間にある□□《けんあく》な雰囲《ふんい》気《き》を□□《ふかい》に感じた。

③ 先日とった□《さくら》の写真を□□《げんぞう》する。

④ □□□《だいとうりょう》の□□《ごえい》を任《まか》される。

⑤ 念願の□□《びじゅつ》雑誌《ざっし》を□□《かんこう》する。

答えは94ページ

詩 ①

月　日

得点

点　合格40点

● 読んで、答えましょう。

①あそこにいるのはだあれ？
わたしと同じ顔、服、動き
鏡の向こうに広がる世界
こちらとほとんど同じ世界

でも、
右手は左手　左足は右足
まねっこだけど　②ちょっとちがう
向こうに行ったら会えるかな？
わたしと同じワタシに
ちょっとだけちがうワタシに

(1) ――線①の答えについてまとめました。□に入る言葉を、詩の中からそれぞれぬき出しましょう。（10点）一つ5

□にうつった□□□。

(2) ――線①の人物のことを、詩の中ではどのように表現《ひょうげん》していますか。（10点）

［　　　］

(3) ――線②とありますが、何がちがうのですか。□に入る言葉を、一字ずつ書きましょう。（20点）一つ10

□と□

(4) この詩の題名を、記号で答えましょう。（10点）

ア 右手と左手
イ 顔、服、動き
ウ わたしとワタシ

［　　　］

答えは94ページ

やってみよう

次の□に共通して入る部首を書こう。

① □忩　□戠　□色　→　「　」

② 代□　分□　化□　→　「　」

③ □谷　□畐　□奇　→　「　」

④ □咼　□商　□屰　→　「　」

⑤ □以　□固　□呆　→　「　」

答えは94ページ ☞

物　語　②

月　日
得点
点　合格 40点

●読んで、答えましょう。

家に帰ると、いつもはいない兄がいた。①足が包帯でぐるぐるまきになっていて、いたいたしそうだった。

「どうしたの？」

「ちょっと、骨折《こっせつ》してしまって。」

［②］が悪そうに、兄が言った。いつも元気いっぱいの笑顔を見せる兄なのに、今日はその笑顔も、くすんで見えた。

③「いつもがんばっているから、神さまが休めって言っているんだよ。」

「そう言ってくれるのは美加《みか》ぐらいのもんだよ。階段《かいだん》から落ちて骨折したなんて知れたら、みんなのいい笑い者だよ。」

スポーツマンの兄にとって、今回の骨折は汚点《おてん》でしかなかったのだ。

(1) ——線①のようになっているのは、なぜですか。(10点)

［　　］

(2) ［②］に入る言葉を、記号で答えましょう。(10点)

ア きまり　イ 調子　ウ 評判《ひょうばん》

［　　］

(3) ——線③は、美加が兄のことをどうしようと思って言った言葉ですか。(10点)

ア からかおう　イ なぐさめよう　ウ 責《せ》めよう

［　　］

(4) 兄のけがに対する考えを、記号で答えましょう。(20点)

ア 仕方がないことだ
イ よいことだ
ウ 不名誉《ふめいよ》なことだ

［　　］

答えは94ページ

やってみよう

下のことわざ・慣用句《かんようく》の□に入る言葉をひらがなで書いて、クロスワードを完成させよう。

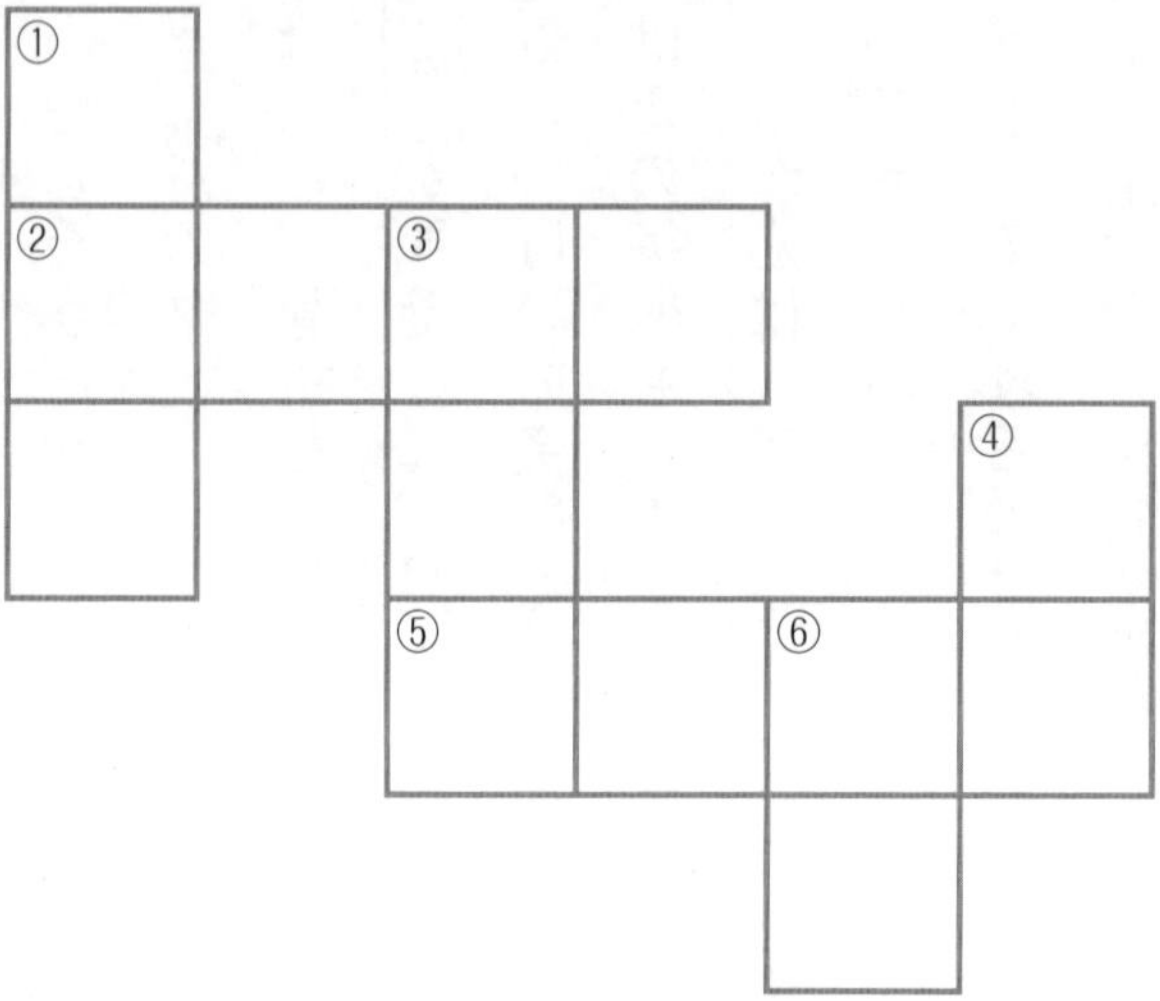

ヨコのかぎ

② □□□□にも筆のあやまり

⑤ □□□□を合わせる

タテのかぎ

① □□□をおににする

③ □□□をほる

④ □□が合う

⑥ □□とすっぽん

答えは94ページ☞

古文①

月　日
得点　点　合格40点

● 読んで、答えましょう。

今は昔、①竹取のおきなといふ《う》者ありけり。野山にまじりて竹を取りつつ、②よろづ《ず》のことに使ひ《い》けり。名をば、さぬきのみやつことなむ《ん》いひ《い》ける。

その竹の中に、もと光る竹なむ《ん》一筋《ひとすじ》ありける。あやしがりて、③寄《よ》りて見るに、つつの中光りたり。

（「竹取物語」）

昔、竹取のおきなとよばれる人がいた。野山に分け入って竹を取っては、いろいろなことに使っていた。名前を、「さぬきのみやつこ」といった。

（ある日のこと、）その竹（林）の中に、根元の光る竹が一本あった。不思議に思って、近寄《ちかよ》って見ると、つつの中が光っている。

(1) ——線①の名前は、何ですか。現代語訳《げんだいごやく》からぬき出しましょう。（10点）

「　　」

(2) ——線②の意味を、現代語訳からぬき出しましょう。（10点）

「　　」

(3) おきなが見つけたものは、何ですか。現代語訳からぬき出しましょう。（10点）

「　　」

(4) ——線③の理由を、記号で答えましょう。（20点）

ア 根元の光る竹が不思議だったから。
イ 使える竹をさがしていたから。
ウ つつの中が光っていたから。

「　　」

答えは94ページ

やってみよう

✿ 次の言葉を漢字に直したとき、正しいほうの送りがなを下から選ぼう。

① かまえる ［ア 構える イ 構る］

② みちびく ［ア 導びく イ 導く］

③ いきおい ［ア 勢い イ 勢おい］

④ つくる ［ア 造る イ 造くる］

⑤ ささえる ［ア 支える イ 支る］

⑥ たしかめる ［ア 確める イ 確かめる］

答えは94ページ ☞

説明文・論説文《ろんせつぶん》 ②

月　日

得点

点／合格40点

● 読んで、答えましょう。

①花火はなぜきれいな色なのでしょう。それは、火薬に金属《きんぞく》の粉《こな》などを混《ま》ぜているからです。

金属はきれいなほのおを作ります。これは「②炎色反応《えんしょくはんのう》」というのですが、金属の種類によって、色が決まっています。

それでは、花火のさまざまな色を出すためには、多くの金属を用意しなければならないのかというと、そういうわけではありません。「光の三原色」である、青、赤、緑の三色さえあれば、その割合《わりあい》を変えるだけで、③ほとんどすべての色を作り出すことができるのです。

④、花火に使う金属は、数種類でよいのです。

(1) ――線①の答えを書きましょう。（10点）

［　　　］

(2) ――線②についてまとめました。□に入る言葉を、文中からそれぞれぬき出しましょう。（20点）一つ10

金属がその□によって、決まった□のほのおを作ること。

(3) ――線③とありますが、どうやってすべての色を作り出すのですか。（10点）

［　　　］

(4) ④に入る言葉を、記号で答えましょう。（10点）

ア したがって　イ たとえば　ウ しかし

［　　　］

答えは94ページ

やってみよう

＊ 次の――線の送りがなが正しければ○、まちがっているときは正しい送りがなに直して書こう。

① 日にちばかりを費す。 〔　　〕

② 快よい風がふく。 〔　　〕

③ 夫婦《ふうふ》で民宿を営んでいる。 〔　　〕

④ 暴る牛を取りおさえる。 〔　　〕

⑤ 兄は医者を志している。 〔　　〕

⑥ 畑の土を耕やす。 〔　　〕

答えは94ページ

LESSON 31

伝　記②

月　日

得点

点　合格40点

● 読んで、答えましょう。

日本において「はじめてのもの」を多く作ったのは、おそらく平賀源内《ひらがげんない》です。

源内は、それまで外国にしかなかったもの、たとえば、鏡、歩数計、温度計を日本でも作れるようにしました。

また、竹が生えすぎてこまっている神社に「はま矢*」を作って売ることや、うなぎが夏に売れなくてこまっている時に、「土用《どよう》のうしの日」を決めて、売れるようにするなど、いろいろなアイデアを出した人でもありました。

しかし、源内の本当の仕事は、草や木、石などを調べる研究家です。そして、その研究にお金がかかるので、いろいろな発明をしてお金を集めていたのです。

*はま矢＝正月に神社で売られるやくよけのお守り。

(1) 平賀源内の本当の仕事は、何ですか。(10点)

[　　　　]

(2) 源内が、日本で最初に作りはじめたものをすべて書きましょう。(10点)

[　　　　]

(3) 「はま矢」は、なぜ作られるようになったのですか。(10点)

[　　　　]

(4) 源内がいろいろな発明をするようになった理由を、記号で答えましょう。(20点)

ア 外国の物を日本でも使いたいから。

イ 自分の研究にお金がかかるから。

ウ みんなの役に立ちたかったから。

[　　　　]

答えは95ページ

やってみよう

✿ 次の――線の言葉を、漢字と送りがなで書こう。

① 友人の申し出をことわる。 〔　　　〕

② 景色がさかさまに見える。 〔　　　〕

③ パレットの上で絵の具がまざる。 〔　　　〕

④ けわしい山を登る。 〔　　　〕

⑤ 落ち葉を集めてもやす。 〔　　　〕

⑥ グループの人数がふえる。 〔　　　〕

答えは95ページ ☞

物　語 ③

月　日

得点

点／合格 40点

● 読んで、答えましょう。

高橋《たかはし》の言うことは、いつも大げさなんだよな。おなかがいたいと言っていても、給食を全部食べちゃうし、さされたと大さわぎするので心配してみたら、ほんの少し赤いだけだもん。今回だって、ボールをけるつもりが、森本《もりもと》の足をけっただけじゃないか。きっとねんざ程度《ていど》だよ。

①こう話していた、ぼくたちだったが、翌日《よくじつ》、高橋のすがたを見てびっくりした。松葉づえをついてきたからだ。今回ばかりは大げさでも何でもない。②本当に骨折《こっせつ》していたんだ。

③「高橋、ごめん。そんなの平気だよ、なんて言って。今回は、いつもとちがっていたんだね。」

(1) 高橋は、どんな人ですか。（10点）

［　　　　］

(2) ――線①の話の内容《ないよう》のはじめと終わりの三字をぬき出しましょう。（10点）

［　　　］～［　　　］

(3) ――線②とありますが、高橋はどうして骨折したのですか。（10点）

［　　　　］

(4) ――線③のように、ぼくが謝《あやま》った理由についてまとめました。［　］に入る言葉をそれぞれ書きましょう。（20点）一つ10

高橋は［　　　　］なだけだと高をくくっていたのだが、いつもとはちがって［　　　　］だったので、悪いと思ったから。

答えは95ページ ☞

やってみよう

次の□に漢字を書こう。

①
人工□□《えいせい》が回る。
スイスは□□《えいせい》中立国だ。
□□《えいせい》に気をつける。

②
人質《ひとじち》が□□《かいほう》される。
病気が□□《かいほう》に向かう。
まどを□□《かいほう》する。

③
□□《こうえん》会に出かける。
□□《こうえん》で遊ぶ。

④
選手に□□《しじ》を出す。
友人の意見を□□《しじ》する。

答えは95ページ☞

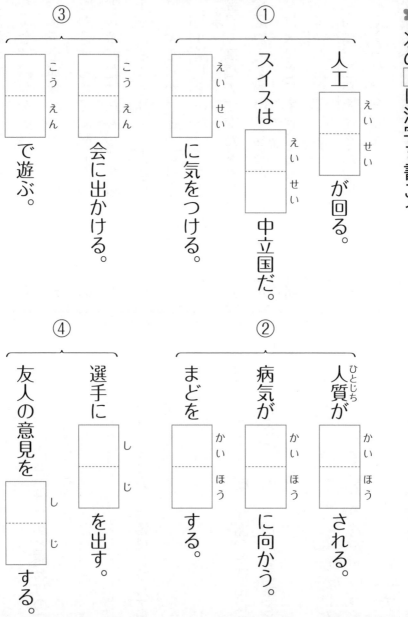

詩 ②

月　日

得点　点／合格40点

● 読んで、答えましょう。

水

寒い日には、固まって
□　こちこち　動かない

あたためられると　透明《とうめい》に
いそいそ　しゅーっと　飛び出すぞ

ちょっとの隙間《すきま》も　お手のもの
水は　まさしく　忍者《にんじゃ》のよう

温度に合わせて　形を変えて
自由気ままに過《す》ごしてる
氷　水　水蒸気《すいじょうき》　名前を変えて
自由気ままに過ごしてる

(1) □に入る言葉を、記号で答えましょう。(10点)
ア　かちかち　　イ　くねくね
ウ　ぎとぎと
［　　］

(2) ――線は、水が何になったことを表していますか。(10点)
［　　］

(3) 水の形が変わるのは、何がちがうからですか。(10点)
［　　］

(4) 作者は、水を人間のどんな様子にたとえていますか。詩の中から五字でぬき出しましょう。(20点)
□□□□□

答えは95ページ

やってみよう

✿ 次の□に漢字を書こう。

①
進化の□□《かてい》を調べる。
事実だと□□《かてい》する。
□□《かてい》菜園で野菜を作る。

②
春はすごしやすい□□《きこう》だ。
旅行の□□《きこう》文を書く。

③
友達と□□《さいかい》する。
試合を□□《さいかい》する。

④
かさを□□《ようい》して出かける。
これくらい□□《ようい》にできる。

答えは95ページ ☞

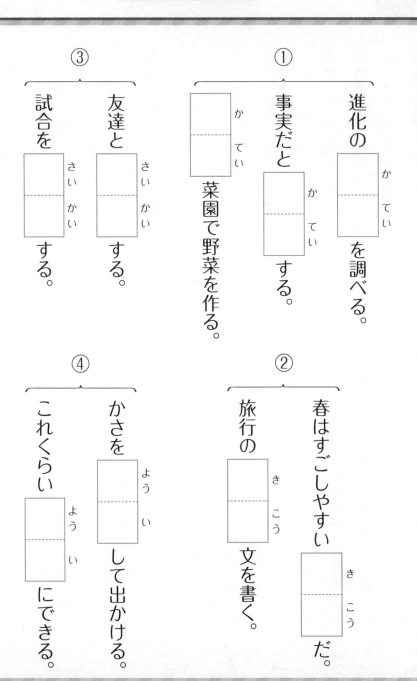

説明文・論説文《ろんせつぶん》 ③

月　日
得点　　点　合格 40点

● 読んで、答えましょう。

使いすてカイロは、なぜ、ふくろから出すと熱を発するのでしょう。

それは、カイロの中に入っている材料が関係しています。

カイロの中には、鉄粉《てっぷん》、水、食塩、活《かっ》性炭《せいたん》が、入っているのですが、この中の鉄粉がふくろの口を開けて、空気中の酸《さん》素《そ》にふれると酸化鉄になります。そして、①その時に熱を出すのです。

だから、鉄粉と酸素の反応《はんのう》が終わって、すべて酸化鉄になってしまうと、カイロは②その役目を終えます。

したがって、③一度使って冷たくなったカイロは、二度と温かくはならないのです。

---

(1) カイロの中には、どんなものが入っていますか。文中からすべてぬき出しましょう。（10点）

［　　　　］

(2) ――線①についてまとめました。□に入る言葉を、文中からそれぞれぬき出しましょう。（15点）一つ5

カイロの中にある□□が、□□□にふれて、□□□になる時。

(3) ――線②についてまとめました。□に入る言葉を、文中からぬき出しましょう。（10点）

□□□□□という役目。

(4) ――線③は、なぜですか。（15点）

［　　　　］

答えは95ページ ☞

やってみよう

✻ 次の――線の漢字の読み方を書こう。

① 留守番をたのむ。［　　　］

② 二つの物を比べる。［　　　］

③ 順序よくならぶ。［　　　］

④ 将来《しょうらい》、政治家になりたい。［　　　］

⑤ 布で服を作る。［　　　］

⑥ 昆虫《こんちゅう》採集をする。［　　　］

⑦ 物価が上がる。［　　　］

⑧ 台風が接近する。［　　　］

答えは95ページ ☞

古　文②

月　日
得点
点　合格40点

● 読んで、答えましょう。

春はあけぼの。①やうやう《ようよう》白くなりゆく
春は明け方(がよい)。だんだん辺りが白くなって、
山際《やまぎわ》、少し明かりて、
山のすぐ上の空が少し明るくなって、
むらさきだちたる雲の細くたなびきたる。
むらさきがかった雲が細くたなびく様子(がよい)。
夏は夜。月のころはさらなり、
夏は夜(がよい)。月が出ていればもちろん、
やみもなほ《お》、ほたるの多く
やみ夜でも、ほたるがたくさん
飛びちがひ《い》たる。また、ただ②一つ二つなど、
飛び交《か》っている(のもよい)。また、ほんの一つ二つ、
ほのかにうち光りて行くもを《お》かし。
ほのかに光って飛んで行くのもよい。
雨などふるもを《お》かし。
雨などがふるのも、またよい。

（清少納言《せいしょうなごん》「枕草子《まくらのそうし》」）

(1) ——線①の意味を、現代語訳《げんだいごやく》からぬき出しましょう。(10点)

[　　　　]

(2) 作者がよいと言っている夜は、どんな様子ですか。すべて記号で答えましょう。(10点)

ア 月の出ている夜　**イ** 雨がふる夜
ウ ほたるの飛ぶ夜　**エ** 雲の多い夜
オ やみの深い夜

[　　　　]

(3) ——線②は、何の数ですか。(10点)

[　　　　]

(4) 作者は春や夏のどんな時間帯がよいといっていますか。現代語訳からぬき出しましょう。(20点)一つ10

春[　　　　]　夏[　　　　]

答えは95ページ

やってみよう

＊次の□に漢字を書こう。

①作物に適《てき》した□□《ひりょう》を入れて、畑を□《たがや》す。

②伝統《でんとう》の□□《おりもの》の□□《ぎじゅつ》を後世に伝える。

③兄が□□《しゅっちょう》で実家の近くに来たので、□《よ》っていった。

④男女□□《こんごう》チームに□□《しょぞく》している。

⑤□□□□□《せっけいじむしょ》の□□《しょくいん》になった。

答えは95ページ☞

物語④

月　日
得点
点／合格40点

● 読んで、答えましょう。

遠足のおかしは、ジュース類をふくめて、三百円までというきまりだったのだが、わたしはどうしても紙パックのコーヒー牛乳《ぎゅうにゅう》を持って行きたかった。

コーヒー牛乳は九十五円。おかし代にふくめると、二百五円分しか買えない。そこで、考えたのが、牛乳はいつも給食で出るから、コーヒー牛乳はお弁当《べんとう》にしてしまうという作戦だ。これなら、三百円ぴったりまでおかしが買える。

姉に①この案を言ったら、なんだかずるくないかなと言い、［②］しなかった。それを聞いて、わたしも迷《まよ》ってきた。

考えた末に、③やはり二百五円分のおかしを買うことにした。

(1) ——線①とは、どのような案ですか。（20点）

［　　　　］

(2) ［②］に入る言葉を、記号で答えましょう。（10点）

ア 反対　イ 質問《しつもん》　ウ 賛成《さんせい》

［　　］

(3) わたしが——線③のようにした理由についてまとめました。［　］に入る言葉を、文中からそれぞれぬき出しましょう。（20点）一つ10

姉に［　　　　］と言われたことで、自分もそう思っていたことに気づき、［　　　　］を守ることを優先《ゆうせん》したから。

答えは95ページ

やってみよう

✿ 次の□に漢字を書こう。

① 詳細《しょうさい》に□□《ほうこく》することを、□□《しゅうかん》にする。

② 昔、□□《こうざん》で一緒《いっしょ》に働いていた□□《きゅうゆう》に会った。

③ マンションが□□□□《けんちくきじゅん》を満たしているか、□《たし》かめる。

④ □□《かこ》の地震《じしん》を分析《ぶんせき》して、□□《げんざい》の地震対策《たいさく》に役立てる。

⑤ □□《けいけん》だけでは□□《よそく》できないことが多い。

答えは95ページ ☞

伝記③

月　日
得点　点　合格40点

●読んで、答えましょう。

ノーベル賞《しょう》は人類のためにこうけんした人におくられる賞で、①この賞はノーベルによって作られました。

しかし、かれは、この賞の精神《せいしん》とはかけはなれた、ダイナマイトを発明した人でもあります。かれはこれを考えた時、破壊力《はかいりょく》のすごさが悪用されるかもしれないとも考えました。しかし、人間を信じ、危険《きけん》なものは危険であればあるほどその被害《ひがい》の大きさを考えるから②安易《あんい》に使わないと思い、作ってしまったのです。

しかし、その考えは裏切《うらぎ》られ、ダイナマイトは戦争で使われてしまいます。そのため、ノーベルは③これをなげいて、④ノーベル賞を作ったのです。

(1) ――線①が発明したものは何ですか。（10点）

［　　　　］

(2) ――線②とノーベルが考えた理由をまとめました。［　］に入る言葉をそれぞれ書きましょう。（20点）一つ10

ダイナマイトは［　　　　］なので、使うと［　　　　］と人間は考えるだろうと思ったから。

(3) ――線③は、何を指していますか。（10点）

［　　　　］

(4) ――線④は、どんな人におくられる賞ですか。文中からぬき出しましょう。（10点）

［　　　　］

答えは95ページ

やってみよう

✿ 次の文字を組み合わせて、一字の漢字を作ろう。

① 木 各 → ［　　］

② 口 寸 → ［　　］

③ 言 身 寸 → ［　　］

④ 角 刀 牛 → ［　　］

⑤ 夫 夫 貝 → ［　　］

答えは95ページ ☞

説明文・論説文《ろんせつぶん》④

月　日
得点　　点　合格40点

●読んで、答えましょう。

目の不自由な人でも、こけと土の境目《さかいめ》は足のうらを通してわかります。①それならば、地面に突起物《とっきぶつ》をつければ危険《きけん》に気づくことができるのではないかと考え、点字ブロックができました。

点字ブロックには、形のちがう二種類のものがあります。一つは点で表され、階段《かいだん》や車道などの危険を知らせるもの、もう一つは線で表され、この先の道がどの方向につながるかを表すものです。

これらの②危険防止《ぼうし》や誘導《ゆうどう》に役立つ点字ブロックができたおかげで、目の不自由な人でも、一人で安全に歩くことができます。そして、活動のはばが広がり、自立した生活を送るようになったのです。

(1) ——線①についてまとめました。［　］に入る言葉を、文中からそれぞれぬき出しましょう。（15点）一つ5

［　　　　］になっているところは、［　　　　］でも、［　　　　］の感覚で判別《はんべつ》できること。

(2) ——線②を表す点字ブロックは、それぞれどのような形のものですか。（20点）一つ10

危険防止［　　　　］

誘導［　　　　］

(3) 点字ブロックがあると、目の不自由な人は、何ができますか。（15点）

［　　　　］

答えは95ページ

やってみよう

下の意味になる四字熟語《よじじゅくご》を書いて、クロスワードを完成させよう。

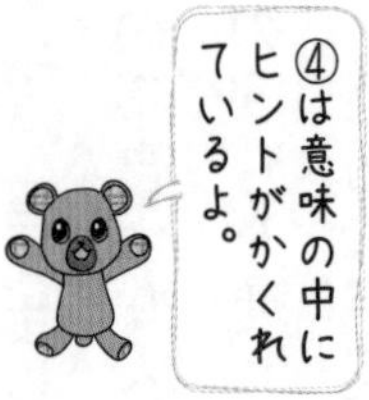

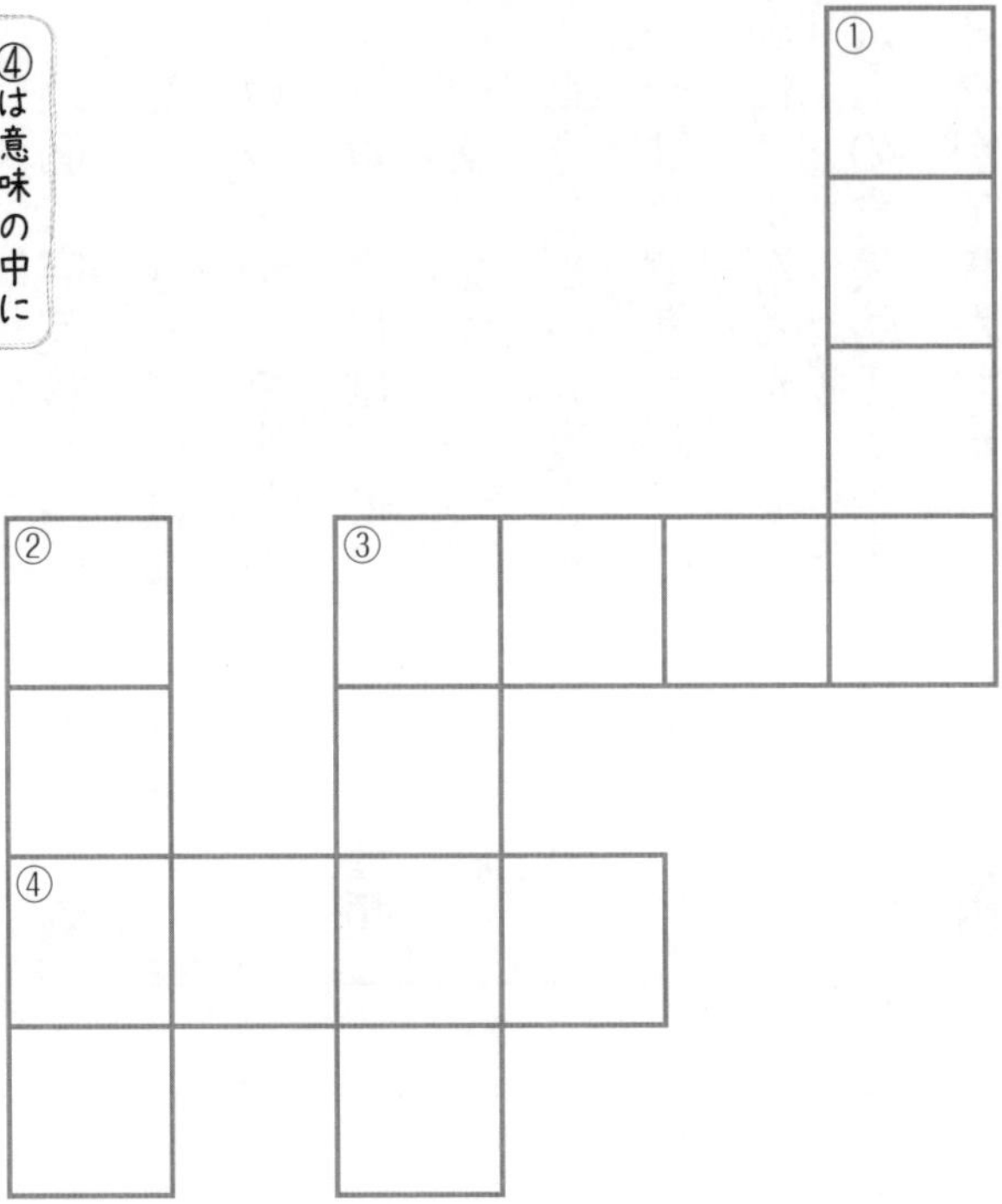

ヨコのかぎ

③ 二十四時間の間ずっと。

④ 十のうち，八から九くらい。ほとんど。

タテのかぎ

① 必ず命中すること。

② 好みや考えは人それぞれであること。

③ ひどく苦しむこと。

答えは95ページ

詩 ③

月　日
得点
点／合格40点

● 読んで、答えましょう。

[　　　　]

一つ一つではわからない
[①]だけしか表さない

②二つ三つとかたまると
何かを表す
物があらわれる

もっとたくさんつながると
想像《そうぞう》できる　どんな様子か
夢《ゆめ》をあたえる　読んだ人に
③無限《むげん》の力をひめている
それは　字

(1) [①]に入る言葉を、記号で答えましょう。(10点)
ア 記号　イ 音
ウ 意味
［　　］

(2) ――線②の状態《じょうたい》は、何ですか。記号で答えましょう。(10点)
ア 言葉　イ 文
ウ 段落《だんらく》
［　　］

(3) ――線③についてまとめました。［　］に入る言葉を、文中からそれぞれぬき出しましょう。(20点)一つ10
どんな様子かを［　　］させたり、読んだ人に［　　］たりする力。

(4) この詩の題名を、詩の中から漢字一字でぬき出しましょう。(10点)
[　　]

答えは96ページ☞

やってみよう

✱ 次の□に漢字を書こう。

①
ぶ□《あつ》い本を読む。
□《あつ》いお湯だ。
□《あつ》い夏がきた。

②
参加する人数が□《へ》る。
東京を□《へ》て、静岡に行く。

③
学問を□《おさ》める。
国を□《おさ》める。

④
家族をカメラで□《うつ》す。
食器をたなに□《うつ》す。

答えは96ページ ☞

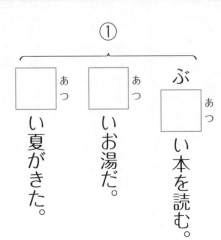

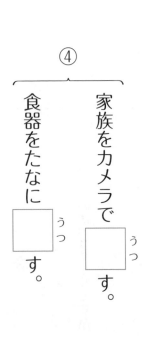

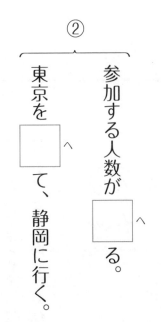

物　語 ⑤

月　日

得点

点　合格 40点

● 読んで、答えましょう。

急ブレーキの音がして、ふり返ると、

「あぶないじゃないか。弟のめんどうは、ちゃんと見ていないと。」

と、①いきなり運転手にどなられた。

わたしは、何がなんだか分からなかったが、そこには弟のともがいて、直前に車がせまっている。ともは、わたしが外にいるのを見て、出てきてしまったのだ。

「すみません。」

とは言ったものの、②なんだかはらが立ってきた。わたしのせいではないのに。

その時、急にともが泣き出した。③わたしは、はっとした。もしかしたら、ともはひかれていたかもしれない。そう思うと④いかりがすっと消えていった。

(1) ――線①の理由をまとめました。［　］に入る言葉を書きましょう。(10点)

［　　　］と、運転手に思われたから。

(2) ――線②は、なぜですか。(10点)

［　　　］

(3) ――線③のとき、わたしはどのようなことに気がつきましたか。文中からぬき出しましょう。(10点)

［　　　］

(4) ――線④のときの、わたしの気持ちを、記号で答えましょう。(20点)

ア おそろしい気持ち

イ ほっとした気持ち

ウ しまったという気持ち

［　　　］

答えは96ページ

やってみよう

✱ 次の□に漢字を書こう。

①
- 食事を□《た》つ。
- 消息を□《た》つ。
- 家が□《た》つ。

②
- 時間を□《はか》る。
- 長さを□《はか》る。
- 合理化を□《はか》る。

③
- 気持ちを言葉で□《あらわ》す。
- すがたを□《あらわ》す。

④
- 主役を□《つと》める。
- サービスに□《つと》める。

答えは96ページ ☞

漢文

月　日
得点
点／合格40点

● 読んで、答えましょう。

宋人《そうひと》に田を耕《たがや》す者有り。
宋の国の人で田を耕す者がいた。
田中にかぶ有り。うさぎ走りて
畑の中には切りかぶがあった。うさぎが走って
かぶにふれ、①くびを折りて死す。
そのかぶにぶつかり、首を折って死んだ。
よりてその②＊すきをすててかぶを守り、
だからすきをすてて切りかぶを見守り、
またうさぎを得《え》んことをこひ（い）ねがふ（う）。
またうさぎが手に入ることを願った。
うさぎまた得《う》べからずして、
（しかし）うさぎをまた得ることはできずに、
身は宋国《そうこく》の笑ひ（い）となる。
その人は宋の国の笑い者となった。

（「韓非子《かんぴし》」）

＊すき＝土をほるための道具。

(1) ――線①のようになったのは、何ですか。（10点）

［　　　　］

(2) ――線②の理由についてまとめました。［　］に入る言葉をそれぞれ書きましょう。（30点）一つ10

じっと［　　　　］を見ていれば、また、［　　　　］がやってきて、［　　　　］ができると思ったから。

(3) この話からできた「かぶを守る」という言葉の意味を、記号で答えましょう。（10点）

ア 一つのことを大事にすること。
イ 古い習慣《しゅうかん》を守り、進歩のないこと。
ウ 失敗をしてもあきらめないこと。

［　　］

答えは96ページ

やってみよう

✿ 次の漢字の部首名をあとから選び、記号で答えよう。

① 領［　　］

② 防［　　］

③ 独［　　］

④ 因［　　］

⑤ 情［　　］

⑥ 志［　　］

ア けものへん　**イ** こざとへん　**ウ** おおがい

エ こころ　**オ** くにがまえ　**カ** りっしんべん

答えは96ページ ☞

LESSON 42 説明文・論説文《ろんせつぶん》 ⑤

月　日
得点　点　合格40点

● 読んで、答えましょう。

①人間の目は、ものが消えた後でも、わずかな時間そのものが見えています。本のすみに少しずつちがった絵をかいて、ぱらぱらめくったら、絵が動いたように見える経験《けいけん》をしたことがあるでしょう。それは、この残像現象《ざんぞうげんしょう》を利用したもので、映画《えいが》もこれを利用しています。

映画は、十九世紀《せいき》にその原型《げんけい》と言われる「回転のぞき絵」が作られたのが始まりです。その後、エジソンが、それを発《はっ》展《てん》させた箱の中の映像《えいぞう》を一人で見る映写機「②キネトスコープ」を発明し、後に、リュミエール兄弟が、スクリーンに写して多くの人が一緒《いっしょ》に見ることができる「③シネマトグラフ」を発明しました。

---

(1) ――線①は、何の説明ですか。文中からぬき出しましょう。(10点)

「　　」

(2) ――線②・③のちがいをまとめました。□に入る言葉を、文中からそれぞれぬき出しましょう。(20点)一つ5

②は□の中の映像を□で見るもの、③は□に写して、□が一緒に見るもの。

(3) 前半と後半の内容《ないよう》を、それぞれ記号で答えましょう。(20点)一つ10

ア 映画の歴史《れきし》　イ 映画の仕組み
ウ 映画の効果　エ 映画の原型

前半「　」　後半「　」

答えは96ページ

やってみよう

＊次の言葉の反対の意味の言葉と似《に》た意味の言葉を、□から選んで答えよう。

① 心配　反対の意味〔　　〕　似た意味〔　　〕

② 原《げん》因《いん》　反対の意味〔　　〕　似た意味〔　　〕

③ 賛《さん》成《せい》　反対の意味〔　　〕　似た意味〔　　〕

④ 短所　反対の意味〔　　〕　似た意味〔　　〕

長所　理由　結果　同意　安心　不安　反対　欠点

答えは96ページ ☞

詩 ④

月　日
得点
点／合格 40点

● 読んで、答えましょう。

好きな季節

わたしの好きな季節は ①
すべてが白く
けがれのない　純粋《じゅんすい》な世界

ピーンと張《は》った空気は
わたしの気持ちを引きしめ
②した雪は
気持ちをやわらかくしてくれる

わたしの大好きな季節は ③
④白い世界は
理想のわたしのようだから

(1) ①・③には、同じ季節が入ります。その季節を漢字で書きましょう。(10点)

□

(2) わたしの気持ちを引きしめてくれるものは、何ですか。(10点)

[　　　　]

(3) ②に入る言葉を、記号で答えましょう。(10点)

ア びちょびちょ　イ どかどか
ウ ふわふわ

[　　]

(4) ——線④とは、どのような人ですか。□に入る言葉を、九字でぬき出しましょう。(20点)

□□□□□□□□□人

答えは96ページ

やってみよう

＊次の――線の漢字の読み方を書こう。

①均一かどうか調べる。［　　］

②友人と再会する。［　　］

③国際情勢を気にする。［　　］

④慣用句を調べる。［　　］

⑤祖父の帽子《ぼうし》を選ぶ。［　　］

⑥父の素質を受けつぐ。［　　］

⑦会議で提案をする。［　　］

⑧永久に平和が続くことを願う。［　　］

答えは96ページ ☞

物語⑥

月　日

得点　　点　合格40点

● 読んで、答えましょう。

夏休み明けの宿題提出《ていしゅつ》日のことです。

「おい、あきら。習字は二枚《にまい》提出だぞ。」

と、先生があきらに言いました。

①「まさるが一枚でいいって……。」

「いいわけをするな。まさるはちゃんと二枚出しているぞ。なあ、まさる。」

聞かれたまさるは、すぐには答えることができませんでした。それは、きのうの電話で、一枚でいいとあきらに言ってしまっていたからです。でも自分は予備《よび》も持ってきていたので、今、②その二枚を出したところでした。

③先生におこられるか、おこられないようにするか、まさるはどう答えたらよいか、考えこんでしまいました。

(1) ――線①が、先生に「いいわけ」と思われた理由をまとめました。［　］に入る名前を、文中からそれぞれぬき出しましょう。(20点)一つ10

［　　］が、一枚でいいと言われたといっている［　　］自身が、二枚提出していたから。

(2) ――線②とありますが、なぜ二枚出せたのですか。(10点)

［　　　　］

(3) ――線③とは、まさるが今後、どうすることを表していますか。［　］に入る言葉をそれぞれ書きましょう。(20点)一つ10

自分が［　　］と、［　　］に告白《こくはく》すること。

答えは96ページ☞

やってみよう

✿ 次の□に漢字を書こう。

① おじは□□□《こうむいん》としての□□《せきにん》を常《つね》に感じている。

② 兄の□《ゆめ》は□□□《しぼうこう》に受かることだ。

③ 母が□□《こじん》的に書いた物語を、絵本に□□《へんしゅう》する。

④ □《つま》は仕事もできるが、□□《しゅふ》としても完璧《かんぺき》だ。

⑤ 父は□□□《しどうしゃ》としても□□《ひょうばん》が高い。

答えは96ページ ☞

説明文・論説文《ろんせつぶん》 ⑥

月　日
得点　　点　合格40点

● 読んで、答えましょう。

①電気自動車は、家庭の電気を使って動かすことができる、②環境《かんきょう》おせんや資源《しげん》の問題を解決《かいけつ》できる車です。

その仕組みは次のようなものです。まず、コンセントから充電器《じゅうでんき》を使って、電気を取り、バッテリーに電気をためます。その後、アクセルをふむと、その電気でモーターが回転し、その回転がタイヤの回転と連動し、車が走ります。

このように、電気自動車は、ガソリン車とちがい、電気だけで走るので排気《はいき》ガスが出ません。環境にやさしい車です。そして、車を動かす仕組みを反対にすることで、電気を発生させることもできる資源を生む車でもあるのです。

(1) ――線①とは、どんな車ですか。□に入る言葉を、文中からぬき出しましょう。(10点)

□で動く車

(2) 電気自動車が動く仕組みとは、どのようなものですか。［　］に入る言葉を文中からそれぞれぬき出しましょう。(20点)一つ5

① ［　　］から電気を取る。
② ［　　］に電気をためる。
③ 電気で［　　］が回転する。
④ ［　　］が回転して走る。

(3) ――線②と言える理由についてまとめました。□に入る言葉を、文中からそれぞれぬき出しましょう。(20点)一つ10

□が出ず、電気という□も生むことができるから。

答えは96ページ

やってみよう

✽ 次の□に漢字を書こう。

① □□《どくりつ》記念の式典を行うことに□□《さんせい》する。

② テストの結果を□□《そうごう》的に□□《ひょうか》する。

③ 駐車《ちゅうしゃ》□□《きんし》区域《くいき》を□《しめ》した紙がはってある。

④ 父は□□《いし》としての□□《ぎむ》を果たすように心がけている。

⑤ □□《じこ》との□□□□《いんがかんけい》をさぐる。

答えは96ページ

答え

読解力5年

まちがえたところは，もう一度見直そう！

① 言葉の意味 ①

(1)(例)技術《ぎじゅつ》が上達した。
(2)ア　(3)手　(4)ウ

考え方 (3)「手をつける」は、「何かをし始める」という意味の慣《かん》用句《ようく》です。

「やってみよう」の答え

①わたしは・ふいた
②兄は・登った
③妹も・出かけた
④ぼくは・食べた
⑤花が・さく

② 言葉の意味 ②

(1)ねこ　(2)ウ　(3)十人十色
(4)ア

考え方 (3)「十人十色」は、「人はそれぞれ考え方や性格などが、ことなる」という意味です。

①ウ・ウ
②ウ・イ
③ア・ウ
④イ・ア

③ 指示語をおさえる ①

(1)ジェットコースター乗り場
(2)のりこ
(3)こわがり・ジェットコースターに乗ろう
(4)やめたい

考え方 (4)指示語《しじご》が指す内容《ないよう》は、前にあるのが普通《ふつう》ですが、この問題ではあとにあります。

①ウ　②ア　③ア　④ア
⑤イ　⑥イ　⑦ウ　⑧イ

④ 指示語をおさえる ②

(1)ウ　(2)鼻　(3)ア
(4)きん・外

考え方 (1)ア・イ・エは病気のもと、ウはねんまくです。(4)鼻水の働きは、二段落《だんらく》で述《の》べられています。

①予定　②ダンス
③速度　④スポーツ
⑤決まり

⑤ 接続語をおさえる ①

(1)から(ので)
(2)イ　(3)ア　(4)ウ

考え方 (3)[③]の直前に「〜それとも」とあるので「行こうかな」とは逆《ぎゃく》の内容の言葉が入ります。

①せいかく　②にってい
③しょうたい　④いま
⑤さんせい　⑥かそう
⑦ひたい　⑧だんけつ

⑥ 接続語をおさえる ②

(1)ア　(2)イ　(3)ア　(4)ウ

考え方 (3)[③]のあとに「体の動きもすべて止まって」とあることに着目します。(4)最後の段落《だんらく》は、それまでの内容をまとめています。

①財産・税金　②国境・横断
③複雑・事件　④災害・備
⑤出版・感謝

⑦まとめテスト①

(1)ウ　(2)ア
(3)まなざし・言葉
(4)イ

考え方 (4)「後悔」は、「自分のしたことを、後でくやむ」という意味です。

---

①適度・制限　②貿易・許可
③枝・移　④成績・状態
⑤規則・可能

⑧まとめテスト②

(1)ア
(2)(例)体温を作るために、寒くなると体がふるえ出す(こと。)
(3)イ　(4)ウ

---

①足元を見る
②のどから手が出る
③焼け石に水
④一石二鳥
⑤根も葉もない

⑨心情を読み取る①

(1)(例)パトカーの音を聞いて不安になったから。
(2)(例)戸じまりがしてあること。　(3)(例)かけただろうか
(4)大丈夫・戸じまり

---

	①こ		②さ	ん	③そ
④こ	ん	か	ん		う
	ざ		⑤せ	き	む
	い		い		し
					ょ
	⑥じ	ょ	う	ほ	う

⑩心情を読み取る②

(1)(例)弟の帰りがおそいから。
(2)(例)だいじょうぶだろうか。
(3)ア　(4)イ

---

①帰りました
②おみそしる　③走ります
④田中さんです

⑪心情を読み取る③

(1)ウ
(2)何となくいやな気分
(3)話しかけた・無視

(例)
①めしあがって
②くださった
③お待ちになって
④いらっしゃった

⑫対比をつかむ

(1)(例)(順に)せんいが短いこと。せんいが長いこと。
(2)(例)せんいのからみが多いから。
(3)ア

(例)
①おっしゃった
②いらっしゃった
③お求めになっている
④くださった

⑬原因・理由をおさえる①

(1)羽・てき
(2)ひふ・昆虫
(3)生き残るため

(例)
①ご案内いたします
②お借りしていた
③いただきました
④はいけんいたします

⑭原因・理由をおさえる②

(1)大声を出す(大きな声を出す)・物を持ち上げる(順不同)
(2)のうにしげき
(3)(例)自分の力を増大させたいから。

(例)
①申しております
②いただいた
③差し上げた
④はいけんした

⑮ 要点をまとめる

(1) ゴミ

(2) (例)ものをくり返し使う方法

(3) リサイクル

(4) ゴミを減らす・「リデュース」・「リユース」・「リサイクル」(「リデュース」・「リユース」・「リサイクル」は順不同)

---

①ひき　②と　③ぶどう

④あっしょう

⑤しゅちょう

⑥ぼうふうう　⑦とういつ

⑧まず

⑯ 主題を読み取る①

(1) 協力

(2) ウ・エ・カ(順不同)

(3) 一致団結

---

①非常識・態度　②牛舎・飼

③仏像・保管　④絶対・燃料

⑤輸入・減

⑰ 主題を読み取る②

(1) おばあちゃん

(2) 徒競走で一番になること。 (3) じゃんけん

(4) (例)みんなのためになるから。・自分の力が精一杯出せるから。

考え方 (4)おばあちゃんにいつも言われていることと、まきさんが自信があることです。

---

①予防・効果　②新幹・往復

③破・弁解　④貸・厚

⑤河口・逆流

⑱ 主題を読み取る③

(1) 妹のつばさの命をうばった病原きん

(2) 研究

(3) (例)今回も失敗したということ。

---

(4) 病原きん・新薬・失敗

①夢　②素　③限　④応

⑲ 結論を読み取る①

(1) 色・切り方・大きさ

(2) キャラ弁

(3) (例)(お弁当の)ふたを開ける時のわくわく感、楽しさ

(4) 見た目

---

	①ひ	と		
	ょ			②と
	③う	そ	つ	き
	た			
④し	ん	じ	ゅ	

⑳ 結論を読み取る②

(1) (例)地球の中心へ引っぱる力。

(2) (例)回っているものが、遠ざかろうとする力。

(3) 遠心力　(4) 同じ

考え方 (4)最後の文と同じ内容になるようにします。

---

①立ち上がる　②わか返る

③書きにくい　④寒空

⑤教え子

㉑ 結論を読み取る③

(1) (例)朝顔の芽が出るために何が必要かの実験

(2) (例)光がとどかないようにするため。

(3) (水)四　(温度)三　(空気)一

(4) 光

---

①本箱・ほんばこ

②花畑・はなばたけ

③風車・かざぐるま

④雨雲・あまぐも

⑤船旅・ふなたび

㉒ まとめテスト③

(1) きっと〜ろう。(だろう)・休めば〜ろう。(だろう)

(2) (例)緊張しやすいから。

(3) 庭

(4) (例)風邪をひいて学校を休むため。

---

①イ　②ア　③イ　④ア

㉓ まとめテスト④

(1) ウ
(2) (例)成長するとからを変えること。
(3) (例)カタツムリのからは体の一部だから。
(4) イ

① ア　② イ　③ イ　④ ア

㉔ 物語①

(1) 病院・入院
(2) 市立図書館・紙芝居をしてくれる
(3) ウ

考え方 (2)「かがみさんたち」が、「唯一、外へと通じるとびらを開いてくれる人」という点に注目しましょう。

① そん　② きょうみ
③ めがね　④ に
⑤ りえき　⑥ しゅうがく
⑦ ほうふ　⑧ どう

㉕ 伝記①

(1) 空飛ぶおもちゃ(「　」があってもよい。)
(2) こうもり二号・空へのあこがれ
(3) (例)人を乗せて飛べること。・ガソリンエンジンで動くこと。・そうじゅうができること。(順不同)

① 鉄製・容器　② 営業・迷
③ 正確・検査　④ 潔白・証明
⑤ 教授・講演

㉖ 説明文・論説文①

(1) (例)手の指を折って
(2) 十(のかたまり)
(3) 一年・一日(順不同)
(4) 六十

① 犯人・余罪　② 険悪・不快
③ 桜・現像　④ 大統領・護衛
⑤ 美術・刊行

㉗ 詩①

(1) 鏡・わたし
(2) ワタシ
(3) 右・左　(4) ウ

考え方 (1)「あそこ」は鏡の中です。うつっているのはだれかを考えます。「わたし」と「ワタシ」を区別しましょう。

① 糸　② 貝　③ 宀　④ ⻌
⑤ イ

㉘ 物語②

(1) (例)骨折したから。
(2) ア　(3) イ　(4) ウ

考え方 (4)文中にある「汚点」と同じような意味を表しているものを選びます。

①こ					
②こ	う	③ぼ	う		
ろ		け			④う
		⑤つ	じ	⑥つ	ま
				き	

㉙ 古文①

(1) さぬきのみやつこ
(2) いろいろなこと
(3) 根元の光る竹
(4) ア

考え方 (4)近寄ったあとでつつの中が光っていることがわかったので、ウはちがいます。

① ア　② イ　③ ア　④ ア
⑤ ア　⑥ イ

㉚ 説明文・論説文②

(1) (例)火薬に金属の粉などを混ぜているから。
(2) 種類・色
(3) (例)(「光の三原色」である)青、赤、緑の色の割合を変える。
(4) ア

① 費やす　② 快い　③ ○
④ 暴れる　⑤ ○　⑥ 耕す

㉛ 伝記②

(1) 草や木、石などを調べる研究家
(2) 鏡、歩数計、温度計（順不同）
(3) (例) 竹が生えすぎてこまったから。 (4) イ

考え方 (4) 最後の段落《だんらく》に着目します。

① 断る　② 逆さま
③ 混ざる　④ 険しい
⑤ 燃やす　⑥ 増える

㉜ 物語③

(1) (例) 何でも大げさに言う人。
(2) 高橋の～だよ。（度だよ）
(3) (例) 森本の足をけったから。
(4) (例) 大げさ・本当のこと

① 衛星・永世・衛生
② 解放・快方・開放
③ 講演・公園
④ 指示・支持

㉝ 詩②

(1) ア　(2) 水蒸気
(3) 温度
(4) 自由気まま

考え方 (4) 第四連が作者の「水」に対する感想です。

① 過程・仮定・家庭
② 気候・紀行　③ 再会・再開
④ 用意・容易

㉞ 説明文・論説文③

(1) 鉄粉、水、食塩、活性炭（順不同）
(2) 鉄粉・酸素・酸化鉄
(3) 熱を発する
(4) (例) カイロの中にあった鉄粉が、すべて酸化鉄になってしまうから。

① るすばん　② くら
③ じゅんじょ　④ せいじか
⑤ ぬの　⑥ さいしゅう
⑦ ぶっか　⑧ せっきん

㉟ 古文②

(1) だんだん
(2) ア・イ・ウ・オ（順不同）
(3) ほたる
(4) (春) 明け方　(夏) 夜

考え方 (1) 古文と現代語訳を照らし合わせて、言葉を選びます。(4) 現代語訳からぬき出すことに気をつけます。

① 肥料・耕　② 織物・技術
③ 出張・寄　④ 混合・所属
⑤ 設計事務所・職員

㊱ 物語④

(1) (例) コーヒー牛乳を、お弁当とする案。
(2) ウ
(3) (例) ずるくないかな・きまり

① 報告・習慣　② 鉱山・旧友
③ 建築基準・確
④ 過去・現在　⑤ 経験・予測

㊲ 伝記③

(1) ダイナマイト
(2) (例) 危険・被害が大きすぎる
(3) (例) ダイナマイトが戦争で使われたこと。
(4) 人類のためにこうけんした人

① 格　② 団　③ 謝　④ 解　⑤ 賛

㊳ 説明文・論説文④

(1) こけと土の境目・目の不自由な人・足のうら
(2) (例) (危険防止) 点で表されているもの。(誘導) 線で表されているもの。
(3) (例) 一人で安全に歩くこと。

					①百
					発
					百
②十		③四	六	時	中
人		苦			
④十	中	八	九		
色		苦			

㊴ 詩③

(1)イ　(2)ア
(3)想像・夢をあたえ　(4)字

考え方 (4)第一連は一字、第二連は二、三字、第三連はそれ以上つながった時です。

①厚・熱・暑　②減・経
③修・治　④写・移

㊵ 物語⑤

(1)(例)弟のめんどうを見ていない
(2)(例)わたしのせいではないのにおこられたから。
(3)もしかしたら、ともはひかれていたかもしれない。
(4)イ

考え方 (4)ひかれたかもしれないと考えたら、いかりがおさまったことから考えます。

①断・絶・建
②計・測・図
③表・現　④務・努

㊶ 漢文

(1)うさぎ
(2)(切り)かぶ・うさぎ・(例)手に入れること
(3)イ

考え方 (3)宋人は国中の笑い者となっているのだから、この言葉は、良い意味で使われる言葉ではありません。

①ウ　②イ　③ア　④オ
⑤カ　⑥エ

㊷ 説明文・論説文⑤

(1)残像現象
(2)箱・一人・スクリーン・多くの人
(3)(前半)イ　(後半)ア

①安心・不安
②結果・理由
③反対・同意
④長所・欠点

㊸ 詩④

(1)冬
(2)ピーンと張った空気
(3)ウ
(4)けがれのない純粋な(人)

①きんいつ　②さいかい
③こくさいじょうせい
④かんようく　⑤そふ
⑥そしつ　⑦ていあん
⑧えいきゅう

㊹ 物語⑥

(1)あきら・まさる
(2)(例)予備を持ってきていたから。
(3)(例)(あきらに)一枚でいいと言った・先生

①公務員・責任
②夢・志望校
③個人・編集　④妻・主婦
⑤指導者・評判

㊺ 説明文・論説文⑥

(1)電気
(2)①コンセント
②バッテリー
③モーター
④タイヤ
(3)排気ガス・資源

考え方 (3)最後の段落《だんらく》に着目します。

①独立・賛成　②総合・評価
③禁止・示　④医師・義務
⑤事故・因果関係